U0873382

散财聚人法则

得人心者得天下

谢　普◎编著

华龄出版社
HUALING PRESS

责任编辑： 程　扬
责任印制： 李未圻

图书在版编目（CIP）数据

散财聚人法则：得人心者得天下 / 谢普编著 . --
北京：华龄出版社，2021.2
ISBN 978-7-5169-1849-4

Ⅰ . ①散… Ⅱ . ①谢… Ⅲ . ①管理学－通俗读物
Ⅳ . ① C93-49

中国版本图书馆 CIP 数据核字（2021）第 003595 号

书　　名： 散财聚人法则：得人心者得天下
作　　者： 谢　普　编著

出版发行： 华龄出版社
地　　址： 北京市东城区安定门外大街甲 57 号　**邮　　编：** 100011
电　　话： 010-58122246　**传　　真：** 010-84049572
网　　址： http://www.hualingpress.com

印　　刷： 三河市元兴印务有限公司
版　　次： 2021 年 4 月第 1 版　2021 年 4 月第 1 次印刷
开　　本： 710mm × 1000mm　1/16　**印　　张：** 16
字　　数： 250 千字
定　　价： 39.80 元

版权所有　侵权必究
本书如有破损、缺页、装订错误，请与本社联系调换

目 录

Contents

法则1　乐善好施，舍+予=舒

法则2　吃亏是福，以舍当得

法则3　聚人，其实聚的是一种自我满足感

法则4　做足人情：积谷防饥，日积月累

法则5　提升人情：投资啥都不如投资人情

法则6　用好人情：人脉要巧用，不要浪费

法则7 以和为贵：与人为善，人际更融洽

法则8 以变为要：懂得变通，人脉更开阔

法则9 以宽为美：豁达为人，宽容处事

法则10 用人以德，宁缺毋滥

法则11　处事之道，合理运用人情世故

法则12　办事有章法，懂得高效做事“套路”

法则13　说服讲方法，让对方咽掉“不”字

法则14 看对象回话，见什么人“唱什么歌”

法则15 看时机回话，不说多余的话

法则 1

乐善好施，舍 + 予 = 舒

《旧唐书》里的古训

“财散人聚”源于《旧唐书》里的“财聚人散”。“财聚人散，财散人聚”意思是如果你将财聚集在自己的手里，那么，将没有人跟随你，人们就会象水一样离开。而如果将财散给其他人，那这些人就会聚集在你的身边。

财聚人散，财散人聚讲的是团体或者组织（或者个人）的财富和权力的分配以及对团体凝聚力的影响。在一个群体（或企业、政府……）中，只有把大家一起挣来的财富尽量公平合理的分配并多满足个人的需求，这样大家才会对这个集体充满依赖和归属感以及忠诚度，这个集体才有战斗力和凝聚力，才能扩展更大的疆域，干更大的事情。若是掌握权力的人把财富过于集中，而忽视个体的需求，那么久之这个集体就会涣散，个人也同此理。

有这样一句话：人情一把锯，你来我也去。财聚则人散，财散则人聚。

深以为然。

生活中，再好的人际关系，如果我们只是单方面的付出，时间久了，人情难免都会淡薄。

感情这东西是需要经营和维持的，没有人敢说：我只要索取不愿付出。

每个人来到这个世界上，内心都是渴望周围有那么一个有温度的人，能陪伴在你的左右，知你的心，懂你的意。

可是，如果当别人对你动心，你却一味拒绝时，即使那人是太阳，也终会有阴雨起风的日子，那些灿烂终究会有一刻被灰暗所替代，太阳会被那些阴霾撵走。

没有人愿意天空是一直下着雨，地上是一直是涨着潮水的。生活当中，当你对人好时，人也不会总是回回恶语相之，更多的时候，人都是平淡随和能带来安宁，骄横跋扈必然遭人厌之。

有人说，人这一生，总是一回生，两回熟，三回四回热乎乎。你若对她人善良，你的内心必是平和淡然的，你与世无争，你带给她人的是温暖，如若风雪掩埋了的大地忽然融化后，你看到的是那片绿，像是生命的一抹绿在内心处发了芽，生了根。

人心总是透亮和澄净的，像是山中的河水，山在水中行，水在山中绕。人间的冷暖，总是在那一山一草，一花一木中慢慢看见了真实，体会了美好。

古人以德治天下者，天下总是大而兴之，倘若是以武治天下，天下必乱之。这一生，惟宽可以容人，惟厚可以载物。

别总是把财富看的太死，别总是处处把钱看得太重，人生当中很多东西是你用钱解决不了，钱办不了的。

翻开历史，多少有才华的人败在了一个贪字上，而多少有德行的人赢在了财富上。

古语说，财聚则人散，财散则人聚。从这里，可以看出古人的智慧何其了得，一个大家都看不透，明不了的真理，却被古人看地那么自然，那么深邃。

我们说当一个人赚了很多钱后，不能只把钱捂在自己口袋里，要想办法去帮助更多的人，如若想的都是自己的利益，这样即使你再有钱，你也近不了人心，而当一个人他即使没有赚到很多钱，而他还能经常跟朋友聊聊天，聚聚，不在乎花个什么小钱的时候，这个时候，他其实在朋友的心里，已然是个亲近的人。

很多企业家，他们赚取了很多钱之后，总是将财富散去，去救济更多的人，让他们过上幸福的生活，他们的这种大智大慧也必然让人敬之，因而他们的企业也总会越来越旺。

可是，生活中，总有那么一群人，把个人利益看得太重，认为自己每赚的一分钱都是自己的，不愿分别人一羹汤，总是将钱财聚在手中，点点称油，到处斤斤计较，哪怕是蝇头小利他们都不放过，这样的人，久而久之，人们总会疏远他。

古时，在高位者聚敛财富，老百姓就会离心；在高位者散财乐施，老百姓就会靠拢。

这是一个简单的道理，也是一个简单的处世哲学。

我们现代人总是用“财聚人散”来形容一个人事业的衰败，用“财散人聚”来歌颂做人的成功，事业的兴旺发达。

所以，财富这一问题，也成了很多人利益的纠葛，有人一辈子禁锢在金钱的牢笼里，他们迈不动步子，抬不高手，究竟原因都是因为心系财富，不愿散。

其实，财富的散，并不是让你乱散，随便散，见人就散，而是散而有之，散而有为，当你把散花在更有意义上的事，更值得帮助的人上时，这种散才会让你获得更多人生的美好。

古语说：

天下熙熙，皆为利来，天下攘攘，皆为利往。

可见，不论是君子和小人都爱财，然君子取财爱而舍之，小人取财爱而得之，爱而紧之。

当一个人把财富看的太重，无形当中就会迷了心智，也会失去自我。很多人会为了多拿回扣，多拿利润，而昧着良心，去做一些苟且的勾当。

一旦事情败露，他们是最该受到良心谴责的那些人。

俗话说，人为财死，鸟为食亡。

贪财好利的人，如果不猛回头，最终逃脱不了灭顶之灾。

听过这样一个历史故事：

杜月笙，上海青帮中最著名的人物。四岁以前，他的父母相继去世，后来继母和舅父养育着他。

那时，他到上海一个水果行当当学徒，终日与流氓、歹徒为伍，又好赌，后来不久就被开除。

之后，他拜了青帮陈世昌为老大，并借着他的关系进了黄金荣馆。有一次在替黄金荣外出办事时，孤身一人把黄府被抢的鸦片夺回，被林桂生奖励了 2000 大洋。

2000 大洋在那个时代不是个小数目，然而聪明的杜月笙把这 2000 大洋分给了自己的兄弟，也因为他的这个气魄，使得更多的兄弟愿意为他卖命去干。

就这样聪明的杜月笙凭借着财散人聚这个道理成为了上海当时响当当的人物。

而今天，也有更多企业用财散人聚理念来管理公司，赢得人心。

就如华为任正非只占公司股权的百分之一点几，他将公司的大部分股权都分散出去，对他来说这就是财散人聚，也因此华为能在危机面前，一次次地挺过去。

还有蒙牛的牛根生，当时他还在伊利工作的时候，因为业绩突出，公司奖励他一笔奖金，让他买一部好车，而他却用这笔钱买了四辆面包车，分给跟他一起打拼的部下。而当他来到蒙牛时，更是从来没有拖欠过员工工资，即使在最困难的时候。

后来，他将个人股息的百分之五十一捐给老牛基金会。正是因为这样，才有那么的人愿意死心塌地地跟着牛根生，他们有钱出钱，有人出人，有力出力，使得蒙牛在国内奶制品行业突飞猛进。

还有苏宁的张近东和很多的企业家也是这样。

这世上聪明的人放水养鱼，会得到的越来越多，而独赢者却会使所有的人越赢越少，多赢者会使所有的人越赢越多。

因此，“精明人”挣小钱，“聪明人”挣大钱。当人聚的时候，你赢得了人心，你才赢得了财富，当财散的时候，你才赢得了更多的机会。

散财聚人法则

如果将财散给其他人，那这些人就会聚集在你的身边。而如果你将财聚集在自己的手里，那么，将没有人跟随你，人们就会像水一样离开。

钱财是什么?

钱财是一种资源。作为资源，往高处说，它可以帮助人们实现自己的梦想；往低处讲说，它可以让拥有它的人们买车、买房，过上幸福的生活。

人们为什么要聚集在你的周围?

往高处说，人们聚集在你的周围是因为希望你可以带领他们实现自己的梦想；往低处说，人们聚集在你的周围是因为他们希望可以支付幸福生活所需要的资源，而这种资源，钱财是最典型代表。

因此，如果将财散给其他人，那其他人就会聚集在你的身边。而如果你将财聚集在自己的手里，那么，将没有人跟随你，人们就会像水一样离开。

其实，“财聚人散，财散人聚”只是前面的半句，完整的表达应该是这样的：财聚人散，人散财散；财散人聚，人聚财聚。

世界上的事情就是这样奇怪，你拼命想抓住一件东西，却必须首先放弃它，而你拼命抓住的东西，却往往消失得更快。这大约就是辩证法和对立统一规律吧。

钱财也一样，拼命想抓住，一丝一毫都不放过的人，却从来都不能获得什么真正的财富。对于这种人，我们乡间有一种形容老母鸡找食的说法非常适合他们。

在乡间，每家几乎都有一个院子，都会在院子里放养一些牲畜，而鸡是比较常见的一种家畜。老母鸡是非常勤奋的，在冬天，往往可以看见老母鸡在院子的坪里爪子、嘴巴齐上阵，不停地在地里刨着，希望可以找到一点点食物。老乡们叫老母鸡的这种行为作“抓抓挎挎”，也就是一点点小利益都拼命寻找的意思。

那些聚财的人，就犹如这老母鸡一般抓抓挎挎，他们不放过一点点的利益，却错失了更大的利益。因为他们太专注于一点点的利益，太专注于眼前的蝇头小利，以致于没有时间去考虑更大的获利方向，也没有时间去为获得更大的利益储备资源、能力和素质。他们永远只能在小利的陷阱中挣扎，最终迷失自己。

广东人有一种说法：人旺地旺，地旺财旺。人旺是说大家都聚集到一个地方，而如果大家都聚集到一个地方，则这个地方就“旺”起来，也就是发达发展起来，而地“旺”了，则钱财自然滚滚而来，也就是财“旺”了。

在广东人的说法中，我们看到，人旺是财旺的前提，财旺是人旺的自然结果，只有人旺了，只要人旺了，则财才能“旺”，财也自然能“旺”。

财聚人散，人散财散；财散人聚，人聚财聚。其核心与“人旺地旺，地旺财旺”是一样的。你将财散了，那些跟随你的人才能够过上幸福的生活，他们知道你是可以跟随的，因而就更加愿意跟随你，你自然能够“人聚”，有人聚集在一起，还有什么事业是做不成的呢？因此，财聚只是下一步而已。

同理，你将财都聚集在自己的手里，跟随你的人辛辛苦苦和你一起打天下，拼命的干活，最后却没有什么好果子，这会让跟随你的人心寒，人心不齐，这样的队伍什么都做不成。你的钱财也不过是现有的一点，再没有办法增长，财散也只是下一步而已。

左手付出，右手回报

幸福的真谛，不再与你得到多少，常常以你付出多少计算，任何时候，回报都在给予之后，一个人，只有敢于、乐于给予，才能成为一个富足的人，方可获得幸福！

所以，生活的真谛在于付出，并非索取，诚然付出总与风险相伴，但更多时候你会获得远比付出多很多的回报。与此同时，最重要的一点是，付出的同时你会收获快乐与内心的平静，这是金钱无法买到的，获取的途径仅此而已！

老子曾说过“夫唯不争，故天下莫能与之争”。这句话的意识就是说，正因为不与人争，所以遍天下没人能与他相争。这是一个充满大智慧的做人哲学。

但是很多人在金钱和名利面前，常常忘乎所以。为了眼前的一时利益，一个个像是乌眼贼似的，巴不得你吃了我，我吞了你。可最后，这些争得你死我活的人，大多落得两手空空，甚至是身败名裂的下场。

很多人不愿意付出，是因为害怕无法得到回报，而让自己的利益减少，其实，这完全是错误的理解。付出不但不会让我们有所损失，相反我们付出的越多，给予的越多，所能获得的幸福也就越多，因为付出，我们不会是一个吝啬的人，因为付出才能够更加坚定地拥有幸福，不必为了幸福而患得患失。

在这样世界，你肯定找不出那么一位是乐善好施的，却不受欢迎的人；也肯定不会认为一个吝啬、刻薄、自私的人会成为众人爱戴的人。

生活中，我们懂得做一个乐善好施的人，不要吝啬付出，相反我们多去给予，因为有回报总在给予之后，只有你先付出了，才能获得，要知道这个世界上不存在先得到回报而后付出的事情，即便是信用卡，你还需要在那之前进行一系列的申请，那其实何尝不是一种付出呢？

有这样一个人，是做推销起家的，随后建立起了自己的一家香芬公司，但是公司成立之初，并未受到热烈的反响，因为很多人不了解他公司的产品，于是，他想到了一个办法，那就是雇佣很多人带着公司的试用装及赠品小样下市场免费让人试用。

这个计划刚推出，就受到了很多人的质疑，这得需要多少钱啊，对于他这样一个公司还尚未进入轨道没有切实盈利的公司而言，难道不是火上浇油吗？但是他却有着另一套想法，因为回报总在复出之后，就这样他开始了自己的计划，渐渐地，认识他品牌的人越来越多，通过试用人们都感觉很不错，于是越来越多的人前来购买，他的品牌很快在美国打响了，成为当时美国第一大女性香芬公司，而他就是雅芳之父大卫・麦可尼。

不可否认，大卫・麦可尼的成功离不开他先前的付出，没有那样的付出，便不会让人熟知雅芳的品牌，也不会让大家承认雅芳，更不会有今日雅芳的辉煌成就。

生活中，我们每个人都该了解这一点，付出不是痛苦的，因为付出并不是“覆水难收”，相反，那是一个让种子发芽的过程，今日你投了什么样的种子，他日你就能有什么样的收获，而且，不可否认，一粒种子常常能够还回来一片森林。

李先生去旅游度假，来到那个地方，一个朋友去接他，并且说帮他安排好了酒店，但李先生却拒绝了朋友预定的酒店，而是选择了另一家。

到了酒店安顿好之后，李先生的朋友问他：“你喜欢这家酒店？”

“我从未住过！”李先生说。

“那你怎么知道它好呢？还不如住我预定的，至少我去过很多次！”

“两年前在网站上无意间注册了这家连锁酒店的会员，这两年间基本没有出差，所以没有入住过，但这两年间我的生日都会受到这个酒店寄来的生日卡片和小礼物，很细心很周到，所以我就想如果外出住酒店的话一定要来这酒店看看，你想一个那么周到为会员服务的酒店，应该不会差到哪里去！”李先生解释道。

……

不可否为，这是酒店拉拢顾客的手段，但另一方面，我们也看到了酒店经营着的聪明之处，每个人心里都有想先得到的渴望，他们抓住了一个渴望，也就留住了顾客的心。

生活中，你可选择先去满足对方的渴望，也可以等待别人来满足你的渴望，但结果会截然不同，前者，你会得到对方的回报，而后者，你却常常得不到任何回报……

所有人都有得到关爱的权利

“爱让这个世界不同！”这样的口号我们随处可见，我们内心也懂得付出爱心虽是个微不足道的举动，但对得到它的人而言却是无比珍贵的馈赠。

因此，生活中越来越多的人投入到了献爱心的活动中来，为遭遇灾难的人献爱心，为无家可归的孤儿献爱心，为流浪小狗献爱心……我们把爱心献给了这个世界上与我们共存的很多事物上，但有些时候，我们却对一些人很吝啬爱心，那就是“曾经犯过错误的人”。

因为这些人曾经犯过错误，因而生活中的很多人对他们更多的是歧视，而鲜能去奉献爱心，的确，他们落得今日的下场有咎由自取的成分，可是人谁无错呢？如若改之难道不能善莫大焉吗？对于这样的人，我们不该奉献一份爱心吗？不该多一些宽容吗？

李学明是一个退休的老刑警，在他没退休之前，他抓过无数的犯人，也亲眼看见了很多犯人出狱后在社会中遭遇的种种排斥，因为得不到社会的宽容与关爱，这些人再一次走上了犯罪道路，如果说第一次的犯罪是他们咎由自取，那么，再次的犯错，多少与社会中的我们有些关系，为了避免出狱后的人遭受歧视再次犯罪，李学明退休后开办了一个中介，专门为犯罪刑满获释人员介绍安排工作，并且为他们提供担保，甚至做他们的知心朋友，并用自己微薄的退休金资助他们中的有些人。

这其中有一个男孩叫大刚，五年前因为入室抢劫入狱，是李学明亲自送他进了监狱，那个时候他才 18 岁，在监狱的五年间大刚对自己曾经做过的事情感到后悔甚至有了轻生的念头，李学明知道后经常去监狱里看望他，还不时地鼓励他，男孩上学的时候对英文很感兴趣，李学明就自费买了很多英文学习资料和书籍拿到监狱里给男孩，并且告诉他，无论在哪里，只要一心向上，积极努力都能获得新生，男孩很感激他，在监狱的五年里，他学完了英文专业 8 级的内容。

出狱后，男孩找到了一份翻译的工作，虽然没有学历，但说得一口流利的英文，公司便雇用了他，但当他把自己的档案拿给公司看的时候，公司看到男孩有过犯罪历史，便马上找各种理由拒绝让男孩上班，他一连找了几个工作都是这样，人们一旦得知他是个犯过罪的人脸色马上就会变，这样男孩感到非常的难受。

一直很关注男孩的李学明主动联系上了男孩，并且帮助男孩找到了一份工作，那家用人单位起初不愿意用男孩，但李学明用自己的人格担保："这个男孩却对是个好孩子，人谁无错，你要用的是现在的他，关过去什么事儿。"用人单位的经理曾经是李学明儿子的同学，听到李学明这么说，便答应了，就这样，男孩开始了自己的第一份工作，因为觉得得来不容易，所以他格外卖力认真，很快便消除了那位经理的疑虑，如今那个男孩已经成为了那家公司的中流砥柱，这位经理回忆起当初的事情，还常常很感慨地对李学明说："李伯伯，当初要不是你那番话，那孩子也不会进我们公司，我们便会因此少了一个人才啊，看来，有些时候是我们眼界太低，只看到一个人的过去，而不愿去看他现在，缺少了包容与爱心！"

想让这个世界更加美好，使我们的身边只有美满幸福，没有暴力与苦难，这就需要每一个人的付出，尤其是对那些曾经"失足犯错"的人而言，他们是成为社会的积极分子，还是再次成为社会的破坏分子，但这完全取决于我们，如果我们能够对他们多一些的宽容，再多一些理解与爱心的付出，还怕这个世界不美好吗？

不要觉得你只要管好你的生活就好，外界事物太多，你管不了，但如果你认为外界的生活与你无关，你就错了，你的生活与外界的生活本是一体的，或许你个人生活的不幸不会影响大局，但外界生活的不幸却会直接影响到你的生活。任何人都有权利得到别人的关心与宽容，我们的给予不该限定人群。

做人要大气，助人即助己

生活中的人际关系就好像是播种一样，播种越早，收获越早；撒下的种子越多，你收获的也越多。换言之就是，你帮助了别人，别人也会在你需要帮助的时候帮助你，这看似是一个非常简单的道理，但却并不是所有人都能够持续下去的。你帮助了别人，别人也会帮助你。每一个有所成就的人，在成功的道路上，都曾经得到过别人的许多帮助。因此，我们也应该帮助别人作为回报，这是一个很公平的规则。所以做人不能太自私，不能心中只有自己，应该去帮助别人，同时也从别人那里获得有益的帮助。

石海是一家广告公司的设计师，不过不幸的是，他今天被辞职了。他给他最好的朋友打了电话，告诉了他自己的消息，他的朋友过来找他，见到他的第一句话就是："你终于摆脱了束缚，现在你可以尽情地画自己想画的插画和漫画了，要知道那才是你的梦想。"

石海听着朋友的话，苦笑道："是啊，可是我这个月的房租和生活费还没着落呢。"

"没关系，先搬去我家住吧，我多么希望能够和一个插画师住在一起，我知道你一定能够成为一个非常有名的人，所以，在你成名之前，我会帮你，当然你要记得还，哈哈。"

就这样，石海搬去了朋友的家里，开始画自己的插画，随后开始给一些杂志投稿，结果大受好评，他也因此得到了不少的稿费，后来，他还参加了国际大赛，并且获得了一等奖，他除了获得了高额的奖金之外，也获得了一份非常棒的工作。

而此时，他也没有忘记一直帮助他的好朋友，当朋友准备买车却因差几万块钱而考虑分期的时候，石海很大方的补齐了剩余的车款，并告诉他的朋友，这就当礼物了。

的确，人与人之间的互助是绝对重要的，这往往关系到一个人的成功与失败。

由此，我们看到这样的一个做人之本：帮助别人成功，也是实现自我成功的过程。每个人都有能力帮助别人，而一个愿意为他人付出时间和心力的人，才能成为一个真正成功的人。

如果你身边朋友的成功有你一份，那么，你就能够自豪地说“他的成功也有我的努力”，这将是你最值得骄傲的事情。

所有成功的女性都有一个共同的特性——他们都懂得如何有效地与别人打交道。他们在这方面通常有非常敏锐的直觉及卓越的技巧，懂得如何用自己的思想去影响他人的思维方式，要知道，很多时候事情的失败常常都可以归结为与他人打交道的失败。

我们生活在这个世界上，朋友是我们最大的资源与财富，主要你生活在这个社会中，不管你是否愿意，你都必须与人打交道，不然你就只能学习鲁滨逊选择孤岛生活了。假如你想要自己获取成功，渴望自己的努力能够换来更大的成功，你就必须掌握与人沟通的技巧，因为你的成功离不开你身边的人。

晓峰自幼很爱唱歌，而且在这方面也似乎很有天分，大学毕业后，晓峰因为一个偶然机会，参加一档电视节目，随即，他磁性的嗓音和帅气阳光的外表就深深吸引了很多女生，他就这样开始了自己的歌唱生涯，先是到酒吧跑场，因为上过电视也有自己的特色，收入也不错，渐渐地，他凭借着自己的实力在酒吧街越唱越好，最后，吸引了很多制作人前来听他唱歌，现在他已经与一家很大的唱片公司签约了。但签约后，他却并没有如愿以偿地出唱片，因为公司觉得他名气小，需要包装，但他自己又拿不出来包装的费用，公司则让他耐心的等待，眼看着一年的合约就要到期，他不知道自己还要等到什么时候。偶然的一次机会，他认识了石岚。石岚曾经在国外一家很大的公关公司工作过很多年，她不仅熟知业务，而且也有较好的人缘。几个月前，她自己开办了一家公关公司，并希望最终能够打入盈利较高的公共娱乐领域。但到目前为止，因为公司规模不大，很多比较有名气的艺人都不愿意和她合作，她的生意主要还只是一些小型的车站及广告。

两人一拍即合，联手干了起来。晓峰的合约期满后成为了石岚公司的艺人，石岚非常欣赏晓峰的歌声及创作才能，他们的合作达到了最佳境界，晓峰是一名好歌手，虽然名气不大但潜质很大，石岚便让一些较有影响的报纸和杂志加大对他的宣传。这样一来，她自己也变得出名了，很快，晓峰的专辑便出炉了，而且非常卖座，他们不仅赚了很多钱，各种各样的广告代言也纷至沓来，那些曾经拒绝与石岚合作的明星们也纷纷电话联系石岚。

通过石岚和晓峰的故事，聪明的你一定要不难看出这样一种格局：晓峰需要求助于石岚，获得为自己宣传的开支与人际关系；石岚为了在她的公司想要发展就必须找到一个有潜质的人包装。这样一来，他们互相满足了对方的需要，达成了共识，也最终一起迈向了成功。

每个人都希望能够尽快实现自己的人生目标，但是光靠自己的意志和努力的是不行的，还需要借助身边人的帮助，如果你不善于去帮助别人，就很难得到别人的帮助。因此，渴望成功的你，一定要记得做事之道是——“助人即助己”。如果你怀疑这一点，甚至不屑这么做，那么等待你的注定是人生的失败！

多给予别人急需的帮助

“雪中送炭为君子，锦上添花是小人。”这是古人岁推崇的交友之道。即当朋友遭遇厄运、身处逆境的时候，你的努力与奉献应当比朋友处于一帆风顺中要强得多。也就是说，在朋友真正需要帮助时，这才是你大显身手的时候，也是见你真心、考验你的时候。

患难中伸出援手，哪怕只是一句温馨的安慰，对方也会铭记于心，把你当作知己般对待，等到将来你有需要时他会像及时雨一样来到你的身边助你一臂之力。大凡有心人都如此。

对于一个深陷贫困的人来说，一碗热面，一杯热茶，一句温暖的话语，都可能使他度过人生中最黑暗的时刻，从而获得喘息的机会，并最终凭借勇气和信心成就一番事业。

朋友之间，互相帮助，理所当然。尤其是当朋友深陷绝境之时，我们应该伸出援助的手，千万不能“人走茶凉”，更不能落井下石。朋友落魄，看似会给自己带来一些麻烦，可雪中送炭却是增进友谊的绝妙机会。

任何人都希望获取成功，但实际上这不是简单的事情。在实际生活中，每个人都会遇到麻烦，这时候就需要别人的帮助，一个有远见的人，往往会在此刻向他人伸出援助之手。在别人最困难的时候雪中送炭，别人有时候会感激你一辈子，等到你需要帮助时，他一定会鼎力相助。

所以，你不妨想方设法去帮助那些最需要帮助的人。因为对他们来说，也许你就是唯一关心和爱护他们的“上帝”。但是，不能为了显示自己的乐善好施，在众人面前做“秀”而帮助他们。那样是虚伪，是欺世盗名的行为，令人不齿。即使你当时骗过了众人，总有一天会真相大白，你的“良苦用心”就会昭之于天下，令你臭名远扬。

某位女士如此说：“我有一位朋友，我每次需要帮助的时候，他一定出现。例如，我有急事需要用车或者生病时急需用钱，只要我打个电话，他一定到，可以说每求必应。事情一过去，我们又各忙各的。但是这种朋友，每一想起来，心中就觉得特别的踏实和温暖。而她如果有什么事儿，我当然也会像办自己的事儿一样去做。”

生活的道理就是这么简单，当你在别人最艰难的时候帮扶一把，那么，你会得到这个人的感激。当你陷入困境时，他因感念你的恩德，也会转过来对你倾力相助。

人们都说患难见真情，在别人处于困境时，为他所做的一点一滴都显得格外弥足珍贵。危难时期的滴水之恩远胜过腾达时期的千金之赠，因为身处逆境时是人的内心最脆弱的时候，也是人最需要关怀的时候。这时，哪怕只是简单的一句安慰，也能让人感激涕零，永生难忘。

因此，我们在帮助他人时，一定要真诚，一定要发自内心地为他人好，才能让他们打消顾虑，充满感激地接受你的关心和帮助。人生在世，没有一帆风顺，总会有许许多多的艰难与困苦。当你遇到断崖险阻时，你一定特别感激帮助你架桥搭梯的人，而在别人危难的时候，如果你能够雪中送炭，真心地帮助他人，那对方一定会把你当作真正的朋友。

施与小恩，何必急于求报？

朋友之间就应该互相帮助。当对方有困难时，主动地伸出援助之手，会使对方倍感温暖。在现代社会里，有很多人希望在建立人际关系方面得到立竿见影的效果，否则便不愿付出。此种以利益计算为先的人际关系，是不堪一击的。商业上的竞争来往原本是功利的，但把它应用在人与人之间的交往却是很偏颇的做法。

真正懂得交往之道的人，往往是在自己能力范围之内尽量“给予”的。她曾考虑到对方的立场、需要，凭一己之力帮助对方，并沉醉于此种喜悦当中，但不曾想过自己会得到什么好处，完全是一种发自内心的诚意。而受到此种不求回报好意的人，只要稍微有心，绝不会毫无回礼。

尚佳强是某企业的总经理，该公司长期承包大建筑公司的工程。所以，尚佳强需要经常和这些公司的重要人物搞好关系。但他的高明之处在于，他不仅奉承公司要人，对年轻的职员也殷勤款待，并经常施予小恩小惠。

平时，尚佳强总是想法设法将那些大公司中各员工的情况做全面的了解。当他发现公司里有大有可为且以后会成为该公司的要员时，不管他有多年轻，都尽心款待。因为他明白，十个欠他人情债的人当中，有九个会给他带来意想不到的收获。他现在是在为以后更大的利益投资。

所以，当年轻职员张强升为部门经理时，尚佳强就专门找了个时间前去祝贺，并赠送礼物。等张强下班之后，他还盛情邀请他到高级餐馆用餐。张强从来没有来过这种高档的地方，自然对他的招待很感激。张强认为，自己从前从未给过这位总经理任何好处，并且现在也没有掌握重大交易决策权，可见这位总经理是真的爱惜人才，是个可交的人。

更为高明的是，尚佳强却说：“我们企业能有今日，完全是靠贵公司的帮助，而你作为贵公司的优秀职员，我想你表示谢意，是应当的。”他的这番话，又给张强减轻了心理负担。

没过多久，张强凭借自己的实力，成了公司的上层领导。自然，尚佳强的小恩小惠就开始起作用了。在生意竞争十分激烈的时期，许多承包商倒闭，破产，但由于张强的大力支持和帮助，尚佳强的公司仍旧生意兴隆。

你有需要，我帮你满足；你有困难，我帮你解决。那么，在将来我如果有需要，不待我的请求，你自动来帮助我；我有困难，也不待我的请求，你就会自动来帮助解决。你的帮助，既不是报恩，也不是为还债。我来帮助你，你来帮助我，都是应尽的道义责任，都是应尽的友谊责任，如此的动机，叫作互助。

但是，帮忙的行为方式是最值得注意的，不要使对方觉得接受你的帮助是一种负担，应该做得自自然然，也许在当时对方无法强烈地感受到，但是日子越久越能体会出你对他的关照，能够做到这一步是最理想的。当你帮忙时要高高兴兴，不可以心不甘情不愿。如果对方也是一个能为别人考虑的人，你为他帮忙的种种好处，绝不会像射出去的子弹一去不回，他一定会用别的方式来回报你。

我们在人际交往中一定要明白：帮忙是互相的，切不可像做生意一样赤裸裸的，把每件事摆放得清清楚楚。忽视了感情的交流，会让人兴味索然，彼此的交情也维持不了多长时间。有人为朋友做了事，送了人情，便时时挂在嘴边，生怕人家忘了。这样反而会破坏前面积下的人情。请记住，没有人会因为你不说，而忘记你送的人情，多说反倒无益。

与人分享是最有力量的一招

生活中，你是一个乐于与人分享的人吗？如果是，那么很好，一直做下去，因为这将会是你社交道路中最大的助力，为什么这么说呢？试问一下，当你身边朋友或同事，将好东西与你分享的时候，你是什么感受呢？肯定会感觉自己很受重视，觉得对方很看重你，心里很高兴，甚至也会下定决心有好东西也和他分享，当他有困难的时候，你也一定要会鼎力相助。

同样的道理，当你拿好东西与对方分享的时候，对方也是这样的感受，这样一来，通过分享，你们增进了彼此之间的感情与联系，当你有难的时候对方自然也会鼎力相助。

事实上，分享不仅是一种很艺术的社交手段，更是一种美德，要知道，当你能够将自己认为很好的东西与人分享时，这就说明你正向着幸福一步步迈进。

爱德华是一家广告公司的业务员，平日里他工作认真，深受老板的喜欢。在一个靠业绩吃饭的公司，很多同事都把自己手头上的客户看得紧紧的，但只有爱德华不这样，当他觉得自己的工作已经饱和时，就会主动将自己手头上其他的客户分给身边的同事，有一次，一个同事兼好友问他：“你把自己的客户资源老这样给别人，你自己就会少挣钱你知道吗？”

爱德华笑着说：“可是我目前没有能力照顾那些客户，与其这样不如介绍给其他同事，而且我在每次介绍给同事之前都会给客户们打一声招呼，告诉他们现在由自己的同事接手，这样既不失礼，也能维护客户关系，还可以拉进大家的关系，难道不好吗？”

好友听着，先是点点头然后又说：“可是你总是把好东西和被人分享，他们可不见得会和你分享。”

“在心里知道就够了，我也没有在等他们给我回报啊，呵呵。”

半年后，爱德华的一个同事因为个人原因辞职了，临走的时候，他私自找到了爱德华，将自己积累下来的客户资源全部都交给了爱德华，说：“之前在这上班，你对我特好，现在我要走了，没啥给你的，这些客户资源你肯定用得着。”

爱德华看盛情难却就收下了，而在随后的半年里，这些客户资源帮助爱德华拿下了很多大单子，年底他便被晋升为主管。

的确，与人分享，会让感到温暖，换言之，你把自己的好东西与人分享，表面上看似乎有点傻，好像是吃了亏，但事实上呢？对方收了你的好处，与你一同分享，也就无异于欠了你人情，欠了人情是肯定要还的，这样一来，当你有事儿相求时，对方就算不愿意也不会拒绝你，因为他知道自己欠了你人情，这样一来，无论是工作中还是生活中的很多事情，你办起来都会很顺利的。

我们一定要学会与人分享，并且乐于与人分享，因为分享所带给你的远比你想象的多，它会成为你寻找幸福之路上最好的助力，帮助你更顺利地迈向成功。

法则 2

吃亏是福，以舍当得

富足时应学会仗义疏财

散财的人将天下财作为自己的财，所以他们不怕散，因为他们的财取之不尽、用之不竭。

聚财的人将自己的财看作是天下财，所以要聚，怕天下人从自己这里夺走财。所以，他就无法获得天下财。

其实，古人治国的思想也是如此。

孟子曰：“有布缕之征，粟米之征，力役之征。君子用其一，缓其二。用其二而民有殍，用其三而父子离。”

在春秋战国时代，平常有三种税法，“布缕之征”，是说家里织了一匹布，要缴若干税。“粟米之征”，是说到了收成的时候，按种田面积的大小，抽若干税。“力役之征”，是说有劳动能力的人一年中抽若干时日，为政府服务。后方服勤务，前方服兵役，都是力役。

孟子说：从政的人要注意，“用其一”而“缓其二”，是治道的原则。要老百姓出力的时候，就要减轻他们的税捐；要他们在财经上有所负担时，就必须让他们在力役上，得到适当的休息，才能重新生产。“用其二而民有殍”，如果用两项税，老百姓就会有人饿死了，社会经济枯竭了。假如遇到动乱的时候而“用三”，征布、征粮又征力役，造成家庭中父子、兄弟、夫妇离散，整个社会也可能分崩离析了。

孟子曰：“诸侯之宝三，土地、人民、政事。宝珠玉者，殃必及身。”

这是孟子提的一个政治大原则。一个国家的领导人，如果是政治家，所领导的，就是“土地、人民、政事”三宝，这三种是真正的宝。

如果一个国家的领袖，重视珍惜的是珠宝珍奇的话，灾难一定会很快降临到他身上，古今中外皆有这种事实，应验在帝王身上的很多，最著名的是明末的崇祯皇帝，实际上他是一个好皇帝，品德也很好，就是有一个毛病，手撒不开，财货要抓在手里。

流寇作乱，要筹饷用兵，他一直说没有钱，拼命向民间增加赋税。管理财政的大臣向他报告，不能再加赋税，老百姓已经没有力量负担了，建议他用皇室内库的钱，他还是不允许，说这是不能动用的。等他吊死煤山以前，流寇打开内库，里面多的是黄金、白银，财宝，供给一百万部队的军用都足够。

这就是“宝珠玉者，殃必及身”。

总而言之，要想做一番事业的人，应该明白“财聚人散”的道理——钞票都到你口袋里，社会的人际关系就少了，没有“真朋友”了；

“财散则人聚”，孟尝君就是这样，钞票撒得开，解决了别人的困难，自己的钱当然没有了，但是朋友多，人际关系多，有了苦难，则有朋友帮忙。

孟子虽然说的是政治原则，用之于人生，也是一样。尽管在有形的财富方面，上无片瓦，下无立锥，然而还是有无形的财富土地，以及自己的学问、思想、人品、真理等。

人生的立场站稳就有“土地”了；有了人格，就有同道的朋友，那就是“人民”；然后有了合乎道德的标准行为，就是“政事”。

国家如此，个人也一样，“土地、人民、政事”，这三件是大宝，如果只重钞票，当然“殃必及身”。

孔门有一个弟子，叫原思，他是鲁国人，曾做过孔子的家宰。

在周朝，实行的是分封制，诸侯有国，大夫有家，也就是说，作为大夫的贵族，一般都有封邑。在自己采邑，管理、经济等一切权利都归大夫所有。到了春秋末期，这种局面虽然发生变化，但也有相当部分的大夫是有所属的封邑的。

孔子曾做过鲁国的大司寇，司寇是一个什么职务呢，就相当于宰相，负责整体的行政事务，拥有很大的职权。

孔子做大司寇时，按照惯例，也是有封邑的，在这个独立的封邑，一切官员的任命，都完全由他决定。孔子认为弟子原思做事认真，为人诚恳，就让他来做邑宰。

做邑宰，也是有工资的，在那个时候称为俸禄。孔子给原思的俸禄是九百斗小米，是一个非常可观的薪资。可能是因为给的太多缘故，原思很不好意思接受，坚决推辞。孔子见他不要，就开口说话了，他说：

"毋，以与尔邻里乡党乎！"

就是说，别推辞，如果有多余的，你可以分给你的邻里乡党！

在古代，五家为邻，五邻为里，五百家为党，一万二千五百家为乡。这里的"邻里乡党"指的就是邻居和乡人。

孔子说完，原思自然也就不再推辞，接受了。这句话听起来很有人情味，体现了孔子的财富观。

首先，利不能独享，要善于散财。原思思孔子的学生，由于优秀又成为工作上的得力助手，全权负责封邑的管理，由于能力强，做事认真，自然可以促进封邑的经济发展，就连农业的生产活动也能获得好的收成。

一个封邑能不能发展得好，邑宰是决定性作用，封邑的发展离不开原思这个管家的努力，这里面的每一份成果都有原思的功劳在里面，自然应该给予对应的高薪。

原始可能觉得自己是夫子的学生，为老师做事是弟子分内的事，为老师出谋划策从事社会治理工作，既是荣幸，也是应该做的。所以，他见孔子为他开到九百斗的薪水，力辞不要，不好意思收下。

但是公归公，私为私，学生是学生，工作上的助手是属员，这是要分开的，该收的薪资还是要收下的，所以孔子让原思不要推辞。

另外，孔子给的九百斗显然是非常丰厚的薪资待遇，一方面因为原思是弟子，另一方面，孔子很慷慨，所以多给了一些。当原思觉得太多推辞时，孔子就说，如果有多余的，就分给你的邻里乡党一些吧，然后原思才收下。

一家人的饮食需求是有限的，当自己所拥有很多时，不妨分出去一些，这体现的是孔子的接济穷困、仗义疏财的一面。

古语云“财聚人散，财散人聚”，一个人如果把所有的利益都独享了，身边的人肯定会慢慢离他而去，如果有利同享，自然有难的时候才能得到众人的帮助。

孔子认为，当自己一家富足的时候，应该懂得照顾身边的穷困之人，这是人类守望相助的情感。从这件历史云烟中的一件小事儿，也能发觉孔子“己欲立而立人，己欲达而达人”的仁者情怀。

把吃亏看成福分

以守为攻，是兵法中上策，以退为进，是人生中的智谋，不必计较眼前所失，无须因吃亏而难过，常言道，福祸相依，亏盈此消彼长真正的获得通常由不计小失开始！

关于吃亏，有这样的一个故事：有个小伙子叫李三，因赌博成性而倾家荡产，最后流落街头，成了乞丐。一次，他已两天没吃一口东西了，再不吃东西就得饿死。他想出个招，即使被打死，也要做个饱死鬼。

李三来到一家饭馆，对掌柜的说："给我来个'亏'，我好长时间没吃'亏'啦！"老板愣住了，"什么是'亏'，这个'亏'怎么做？"

"你们这么大个饭馆，连个'亏'都不会做，太没水平啦。我告诉你们，把面和好，擀成饼，把肉馅放在饼上，卷起来放到笼屉上蒸，一袋烟的工夫就好。"

"客官，那你慢慢喝茶，一会儿，'亏'就好了。"老板赔着笑脸说。

一会儿，"亏"出屉了。李三三下五除二，将几笼屉的"亏"一扫而光。然后趁老板不注意，就溜之大吉了。老板发现后，着急地说，那人吃了我的'亏'还没给钱呢？众人知道原因后，开玩笑地对老板说："人家吃了'亏'，为什么还要给你钱？这是你亏欠人家的，吃你是应该的，还管人家要什么钱？"

据说从此后，吃亏就成了一句口头禅流传下来。故事中的那个乞丐，吃了"亏"却得到了满足，而奉献"亏"的老板却沮丧至极，吃了大亏。从这个意义讲，古人是非常睿智的，在创造的同时，就告诫人们吃亏是福啊。虽然这里的"吃亏"和我们现在所谈的吃亏意义相反，但其中"吃亏是福"的道理却有异曲同工之妙。

然而任何社会都有功利浮躁的一面，很多人都想得到名誉、地位、金钱以及别人的尊重和奉承，似乎只有这样，才是成功的标志，才是人生价值的实现。为此，人们劳心劳力、孜孜不倦地追求一些表面的虚态，为了一己私利斤斤计较、做人总怕吃亏的事情便屡见不鲜。

人生当中，难免遇到让你觉得吃亏、不公平的事情，能吃亏是做人的一种境界，会吃亏则是处世的睿智。谁也避免不了吃亏，越计较越容易吃亏，与其如此，还不如敞开胸怀，把自己的眼界放宽，格局放大，用眼前的微薄损失换取日后的广“利”巨“资”。人都是在不断的吃亏中成长起来的，今日的挫折就是明日的财富。会吃亏的人会选择今天吃亏，明日受益。

上海一座著名的16层的办公大厦的业主就是高鸿宇——鸿宇绳业的董事长。

早年他背井离乡，到了上海一家服装店当店员，一个月的薪水只有200元。这些薪水不要说养活母亲和三个弟妹，就是自己的日常开销也不够。

一次，他在街上闲逛，发现那些妇女或女孩逛街买东西时，店里都会给她们一个装东西的纸袋。他想：每天逛街的人这么多，需要多少这样的纸袋啊。高鸿宇发现了这个商机，想开创自己的事业。

当时“一穷二白”的高鸿宇没有启动资金，只好跑到银行贷款。去了52次，银行才因为他的执着，贷给了他10万元钱。有了钱，他立即前往郊区的麻绳索厂，买进大量45厘米长的麻绳，然后照原价卖给市区一带的纸袋工厂。这种毫无利润反而赔进许多费用的生意，在别人看来，这是明显的“吃亏”，但是却为他赚足了名声。

一年后，各家纸袋厂都知道了高鸿宇的绳索确实便宜，因而订货单源源不断。

这时候，高鸿宇才开始采取行动，他拿购货收据前去对订货客户说：“到现在为止，我是一分也没赚你们的钱。这样继续下去的话，我便只有破产一条路可走了。”同样，他拿出交易收据给郊区的厂家看。

这样，由于高鸿宇在这一年内培养出来的好名声，让订货客户自愿把买价提高到5分5，而厂家也把价格降到了4分5。如此一条绳索便赚了1分钱，按当时他一天的交货量100万条算起来，一天的利润就有1万元，相当于以前当店员

5 年的薪水。

短短几年时间，高鸿宇就取得了别人意想不到的成功。

高鸿宇能在短时间内暴富，就是源于他出其不意的“吃亏”行为。这种“主动吃亏”的事，没有人愿意做，但是高鸿宇不仅做了，还做得很有起色。凭着这种“吃亏”的行为，他营造了自己的人脉，磨炼了做事的能力和耐力，取得了客户的信任。这种“吃亏”的行为更像是一种隐性投资，得到的是无形资产，绝对是用钱买不到的。

凡事总想占点小便宜，这是人性使然，但是并非所有的便宜都值得庆幸，很多便宜的背后隐藏着阴谋；相反，能吃亏的人，则可以躲避祸灾，在宽容大度里，营造了幸福的心境。上天是公平的，当你从这里损失，你必然会从那里得到。因此，吃亏是福。

吃亏也是一种幸福

人常说：“吃亏是福”，同样吃亏也是一种豁达面对人生的态度，因为豁达因而不容易被生活中的小烦恼所打扰，总能看得见幸福。诚然，在现在社会中，崇尚吃亏是福，不免会让觉得是弱者的行为，的确，很多人在面对吃亏这个问题上往往一个态度：斗争到底！

但无数的实例证明，这样的人往往目光过于短浅，只看到眼前的利益没有看到长远的收益。这个世界上没人喜欢吃亏，换言之，谁都不希望自己吃亏，不过当事情发生变化时，有些人会把有些亏当作是一种投资，与其耿耿于怀，不如坦然些等到收益。

吃亏是福，这就意味着，吃亏的背后总是有福报相依。不过这道理谁都懂，可要是真落于实践，甘愿吃亏的人还是在少数，毕竟现代人以精明著称，那个愿意自己利益受损还莫不出声呢？

吃亏的时候人们喜欢出声，就怕别人不知道他吃了亏，但占了便宜的时候，却很少有人出声，多半都是窃喜，生怕别人知道他占了便宜。这是人面对吃亏与占便宜的各种态度，但很多时候，人们只看到了吃亏和占便宜的表现，却未深入挖掘，无数的事实证明，很多时候，表面的吃亏其实背后隐藏着无数的好处；而表面占便宜的背后常常处处有陷阱，最后定令你吃大亏。

有这样一个人，大学毕业后，他开发了一个很有趣的软件，他把这个软件分别投递给几家公司，几家公司也纷纷给出了回应，其中一家公司是业内最有名的企业，但他给出的购买价格最少只有 2000 元，而有一家公司虽然在业内没有什么知名度但是却愿意出 3 万元购买他的专利，当时，他身边的很多人都劝他卖给价高的人，这样他甚至有了自己工作室的启动资金，但是令人诧异的是，他卖给了最少的那家公司，很多人不理解他的行为，都说他的软件做得很好卖得这么便宜是吃了大亏，那家大公司就是依仗着自己规模大故意杀价的，但是他却并不这么认为，相反他比拿到那三万块钱还高兴。

一年的时间过去了，这期间年轻人又做出了两款软件，但是他一直没有售出，而是靠着在一家小公司上班维持生活，突然有一天，他的一朋友拿着一个光盘回来找他，说他的软件上市了，现在每张就卖 100 多块钱，当然，这位朋友还不忘再说一遍他吃亏了，但他只是微笑着说，“我不但没吃亏反而捡到宝。”说完，年轻人给很多公司发去了他新设计的软件，与上次不同，这次回应的公司更多了，而且价格也不再是当初几万块钱，年轻人选择了一家不错的公司卖掉了两个软件，并且进入该公司担任起了软件开发主管，当人们再次询问他是如何得知自己没吃亏的时候，他是这样说的：“虽然给的钱很少，但是那家公司的实力有目共睹，只要他将我的软件上市，我就能得到比之前损失的 28000 元更多的回报；而相反，如果我把软件卖给了出价 30000 的公司，那么我得到便真的只能是那个价格，你觉得哪个亏？”

由此可见，吃亏是福是绝对存在的，并非阿 Q 精神的自我安慰，而是一种变通处事的态度。吃亏是福，我们要学会积极地调整自己的心态，坦然地面对吃亏这件事儿，只有这样，我们才能让接下来的人生变得顺畅、快乐。

占到便宜未必都是好事，吃亏也未必都是坏事。吃亏是福，这并非傻子理论，而是一种豁达的态度，一种明智处理人生问题的手段，聪明的人总能从眼前的亏中看到长远的福！

且将目光放长远点

这个世界，月有阴晴圆缺，人也有悲欢离合，这是不可能改变的事情，也是人间万象的规律，因此，我们对于人生中的得失不必太过计较，因为，很多时候，所为失即是得，所为亏也是盈。

目光长远的人不会在意当下是否吃了亏，因为吃亏总是暂时的，暂时的失去与损失，却可能得到长远的收益，因此，他们不会浪费太多时间在计较眼前的方寸之间，而是高瞻远瞩，把眼光拉长去看生活，多给自己一些感受幸福的机会。

有时候仔细想想，无论是生活还是工作，很多看似吃亏的事情，其实往往都能在最后得到补偿。你渴望得到的东西没能得到，于是，你认为自己吃亏了，甚至有了一种越得不到越想得到的冲动，于是那些得不到的东西或事情就成为我们印象中的一种“福”，这其实就是一种狭隘的想法，为什么生活中只有得到才算是福？其实，有些时候失去何尝又不是一种福。

当下的吃亏未必就是坏事，更多的时候，损坏眼前的蝇头小利换取长远的收益难道不是明智之举吗？

因此，吃亏是福，不要为了眼前的一己之利而落得个“目光短浅”，与其斤斤计较那些已经损失的，不如坦然一些对待，无须难过，因为说不定哪日便会得到意想不到的收获。

敢于正面面对吃亏的人往往不会用负面的眼光去看待生活中的问题，不会总是给自己很多假设，他们大都能够正确地承认自己吃亏的事实，并且积极地寻找吃亏的原因，想办法转亏为盈。吃亏不该是一种消极、颓废的，也不该以悲观、懦弱的态度面对。

林源和几个好友一起去丽江玩，在那里买了很多纪念品，其中也有一些易碎的东西，回来的时候，他们租了一辆微型卡车装买的礼物运回宾馆，往卡车装的时候，林源的东西被装在了最上面，但是他的一个朋友怕自己的东西在最下面会被压坏，便悄悄地把林源的东西放在了最下面，路上，一处公路损坏了，卡车来回颠簸几次后，最上面的东西因为没有绑紧而掉了下来，人们赶紧下去查看，发现摔在地上的好几件东西全都坏了……

这个故事，起初林源吃了亏，但是后来他却成为了受益者。

人与人相处，如果总是抱着占便宜不想吃亏的态度，凡事儿都尽可能地以自己为中心，最后，他多半会因此而成为真正吃亏的人。

也许，你认为把吃亏当成福的人大脑有些不灵光，吃了亏，受了损失，还高高兴兴的，这不是大脑有问题吗？事实上，这样想问题的人常常过于激进，生活中哪个人能一辈子都不吃亏呢？若是一个人总是咄咄逼人，一点亏不吃，有便宜就占，那么这个人最终会受到这个社会的排挤，到那时，他便再也无便宜可占，只剩吃亏了。

这里说的吃亏吃的通常不是亏，有一个人他在路边开了一家小便利店，每当下过雨之后，那条小路都会变得泥泞不堪，而且一旦有车从路上开过，就会溅得泥水四溅，而这个地方一到春夏季就会小雨不断。于是，这个人自己出钱来了很多沙石把自己门前 50 米的路都铺上了沙石，很多人认为这个人有毛病，为啥要那份钱呢？他又得不到什么好处，就连他老婆也这么觉得，说他吃亏没够，可这个人却不那么想，他觉得，如果不铺的话，一方面一到下雨路就泥泞不堪，那么，人们便不会来他的便利店买东西了；另一方面，车在泥泞的路上经过，每次都会把泥水溅进屋子，他每次都要重新清理，但铺了沙石以后就不同了，表面上是方便了居民和过往的车辆，其实收益的还是他自己。

当然，我们生活中所要面对的吃亏的事儿也并非都如此，也会遭遇一些小人的算计，这个时候怎么办呢？其实，解决这样的问题更简单，那就是你站在他的角度上告诉他，如何才能将他的利益最大化，成全他的心思，这样一来，不用你多说，他也会无地自容，相对你的大度与豁达，他会对你心怀感激，他日你有需要他的地方，多半情况下，他也会竭尽所能地帮助你。

所以，我们完全没有必要为了吃亏而杞人忧天，很多时候，一时的吃亏往往能换来一生的福报！

不计较的人生

现实生活中，人们常说“吃亏是福”，事实上，这道理之于社交之中也是如此。当你在对方面前吃亏的时候，无形中，就等于你在施恩于对方，看上去你好像是赔了，但事实上，你却是赚了，因为你吃了亏，对方得到了好处，他就欠了你人情，要知道，这个世界最难还清的就是人情，所以，你吃点小亏能算什么呢?对方欠你的人情迟早是要还的。

所以说，从某种角度上来说，吃亏会让你在朋友眼中变得豁达、宽厚，让你获得更多、更深的友谊，当你遇到事情时，这些朋友也定会竭尽全力帮助你。

刘宇最近承包了一个服装加工的生意，工程很大，但当他们做到一半的时候，原本协议供给他们的原料布却突然出了问题，这就意味着，他们要重新开始加工，很多人都劝刘宇，干脆明白地告诉对方，原料布出了问题让对方延期吧，哪怕赔点钱也比重新加工要划算啊。但是刘宇却坚决不同意，毅然从头开始，多请了工人加班加点，终于在最终日期的前一天全部完成了。

对方非常满意，但刘宇的公司也濒临破产，但也因为这件事儿赢得了业界客户们的信任，订单一个接着一个的到来。不久，他的公司就转亏为盈了，而且越做越大，越做名气越响。

用吃亏来赢得朋友，用吃亏来赢得信誉，这其实是一种非常有远见的办事技巧。不过，吃亏的方式也分很多种，有的亏你可以吃，但有的亏你却不能随便吃。很多人为了息事宁人，自愿去吃亏，结果只能落得个“吃哑巴亏”的下场，没人挂念你的好。所以，我们一定要有选择地吃亏，要把亏吃得值当。

大可不必为了生活自己吃的点小亏而愁眉不展，事实上，这怎么能算是坏事儿呢？应该说是大好事儿，首先，你没有占别人的便宜，自己落得心安理得；其次，这也算是找了机会结交人缘了。世俗一点说，对方若是一个爱占便宜的人，你吃了亏，他占了便宜，那对方自然会感到很高兴，这样一来自会愿意与你接触，当你遇到困难的时候，一来他不好意思拒绝不帮你，二来从他个人角度来看，帮你他的好处也非常大，自然会尽心尽力地帮你，这样一来，你要办的事情岂不是会变得更加顺利。

所有的事情都有两面性的，一方面好像是失去了，但是肯定能够从另方面获得，所以，生活中，对于我们而言，说吃亏是亏了，不如把吃亏当成是一种理性的投资，坚信一定能有所收益。

退让是为了更好的进攻

俗话说得好，要灵活做人，能进能退，能屈能伸，不能盲目冲动，因为冲动是魔鬼，常常导致我们的失败。更不要为了一时的气不顺就让自己一肚子的气愤，无数的事实证明，不懂进退，为了一时的面子、好胜心而盲目前进的人，常常会造成满盘皆输的局面，从而丧失了从头再来的机会。

我们活着不是为了和谁争面子，因此不要什么事情都一副强硬的态度，什么事儿都得自己当先，不懂得退让，那样只能让我们自己受伤。每个人都该懂得退一步海阔天空的道理，有些时候进攻远不如退让获得的更多。除此之外，退让也是一种维持良好人际关系的手段，能够化解很多一触即发的矛盾。

以退让为开始，以成功为结束，这样的人才是笑到最后的人。同时，这样的人在收获成功的同时往往也能得到很好的人际关系，因为他们总是表现得以他人利益为先，因而更能得到他人的青睐，但实际上，他们是在为了自己长远的利益开辟道路。每个人都该明白，有些时候沉着地向后退步胜过冲动地向前进很多步。

一次，一个人在台上做演讲，这个时候有一些人过来捣乱，其中一个人站在演讲台的下面对着演讲的人破口大骂，但是演讲的人就跟没看见似的继续演讲，听着台下的人骂得难听，身边有人对此感到很不解，便偷偷地问演讲的人，为什么不去教训他，没想到演讲人却说："因为我还要为台下的人演讲，在我看来，破口大骂的不过是个驴子，我没有必要和一只驴子斤斤计较而耽误了我演讲的大事吧！"而台下的人弄了半天见台上的他没反应也只好悻悻地走了。

试想，如果换作别人，估计事情不会那么简单，对方骂一句，你要还回去10句，这样你一句我一句，最后别说演讲不能再继续，没准儿还会发生更难以收拾的事情，那对任何人来说都没有好处。

有时候，退让并非弱者的行为，而是智者的武器，退让也是强有力的回击方式。我们都看过跳远比赛，为了跳得更远选手们总要向后退一步给自己做个缓冲，此时的退一步为的是那日的进很多步！

陈强是靠白手起家的，经过 20 多年的打拼，曾经摆地摊卖家用小电器的他如今已经成为一家民营家用电器公司的老总，有着非常不错的经济基础和市场。

然而好景不长，没过多久，国外一些知名品牌的家电纷纷进入当地市场，价格相差不大，人们自然会选择外国的大品牌，于是，陈强的家电面临着严重的滞销。此时，陈强面临两个抉择，一是继续投资；二是取消投资。陈强开了十几次会议讨论这件事儿，很多人都认为应该继续投资，毕竟做这个领域比较熟悉，而且他们始终是有一部分市场的。陈强感到很为难，随后他花了半个月的时间去走访家电市场，经过一系列的调研，最后他决定停止投资另辟蹊径。陈强感觉到老百姓的生活越来越好了，以前人们买国产家电都觉得贵，现在却一股脑的看上了进口家电，如果再做一些低端的东西肯定是无法符合市场了，然而考虑到他们自身去做高端产品的确难度很大，于是，陈强决定投资建家电超市，那个时候距离现在比较早，没有什么苏宁大中之类的购物场所，所以人们买东西常常要东一家西一家的跑，很麻烦，但是陈强开的超市很大程度上方便了大家购物，而且陈强还将自己的一些滞销家电放入了促销环节，比如满多少钱加一些钱可以购买之类，不出两个月，他滞销的家电便销售一空，也开辟了一条新的生财之道……

退不等于消极的逃避，相反是另辟蹊径的智慧，经营事业需要胆识与智慧，经营人生更是如此，面对竞争激烈的社会，我们只有保持冷静，学会以退为进，才能走得更远，跑得更快！

只争不退的人注定难得圆满结果

这是一个竞争激烈的社会，在很多人印象中，不争就意味着失败，甚至是与社会规律相悖的。但事实上，所谓不争并不是让我们做一只乖巧的小绵羊，而是学会如何去争，很多时候，人们分不清何时该争，于是就事事都争，但无数事实告诉我们，事事都争丝毫不懂得以退为进的人往往难以有个圆满的结果。

人生是一个选择与放弃的过程，如果我们总是不言放弃，想得到一切，那最后常常会因小失大，甚至落得个一无所有，相反，如果我们能够有选择地对待人生，将目光放长远，不要为了眼前的小利而耿耿于怀，那么，定能获得更多。

一家公司最近打算选一个新的经理，然而候选人却有三个人选，这三个人谁都想成为经理，但现实很残酷，坐上那个位置的其实只能有一人，为了能够选出一个最适合的人选，总公司专门派了一个人来对三个人进行考察。

这位总公司派下来的人分配给了三位候选人一个任务——一家公司欠了他们公司一笔数额不小的款项，让他们去追讨。

第一个人去了，很急切地想要得到结果，但是那边公司正遭遇财务危机，根本拿不出钱来偿还，于是，第一个人在百般无奈的情况下将这家公司诉诸法律，但清查了这家公司的财政状况之后发现，这家公司目前的确没有任何偿还能力，只能变卖掉公司内所有东西来偿还，不过那些东西的价值也不多。

第一个人没办成，于是第二个人去了，不过他除了像第一个人一样在那家公司里闹一闹之外，也没想到别的更好的办法，甚至还因为还款的事情和对方的经理发生了口角引发争执，事情同样也没能解决。

到了第三个人去的时候，那家公司基本上已经不打算接待了，但是第三个人却很温和地说自己并非来讨债的，而是来帮忙想办法的，那家公司的经理这才接待了他，在了解到公司的难处之后，第三个人允许这家公司延后还款的时限，可以采用分期还款的方式，这一次先还付总欠款的30%，剩余的部分延后半年再付，这让对方的经理感到非常高兴，不过第三个人也说了，自己这属于私自改签了协议，估计回去势必要受到处分，最近公司也在进行业绩考核，因为忙着还款的事情，也没怎么去联络客户，那边的经理一听，也明白了意思，马上说，如果协议可以改签，让他们度过财政危机，他可以把公司的大客户介绍给他们，第三个人去之前就已经调查过这家欠款的公司，知道他们的老板其实还有一家公关公司在运转，之所以出现欠款拖欠的问题，是因为公关公司接了很多大项目都没有及时给付款项造成的，但这说明那家公司是完全有能力还清负债，而且手头上也有很多大客户资源。

就这样，第三个人带着处理方案来到总公司派下来的人面前，对方对此非常满意，第三个人没有像前两个人一样咄咄逼人，而是懂得自己先退一步，让对方感到你在为他着想，但其实上，第三个人为公司造成损失了吗？绝对没有，相反，他为公司要到了一些珍贵的大客户资料，要知道，这些大客户的潜力价值远远超过那笔欠款。

从人生的角度来看，退不失为一种策略，现在社会中，我们缺少的就是这种以退为进的策略，有些时候太过急功近利，一味争强好胜未必能够得到想要的东西，相反，后退一步反倒能跳得更远……

曲直相兼才是收获幸福的秘诀

一条道走到黑的人太傻了，因为不会让自己变通，虽然说遇到困难本应正面回击，但有些时候，困难面前我们也要用侧面回击，与其守着强大阻碍不能前行，不如换个想法绕道而行。

绕远走不是懦弱的表现，不意味着退却或放弃，而是对人生的一种重新审视。面对一条自己走不了的路，虽然能更近地到达想去的地方，然而却会在路上耽搁太长的时间，与其这样还不如换则一条自己习惯的小路，虽然曲折但却相对顺畅，往往能比当初一心要走的路更快到达想要去的地方。

生活无常，生死相对，福祸相依，聪明的人不会把时间浪费在一条不能通行的直路上面，他们总是能够审时度势，曲直相兼；而愚笨的人常常无法做到这点，大都一根筋的一条路走到黑，即便是陷阱也往里钻……

人生如攀岩，我的目标是到达山顶，只要能到达山顶便不在乎是走哪条路上去的，有些时候离山顶最近的路岩石密布，就算再有能力的人也是危险重重很有可能前功尽弃；然而避开岩石而行，但却能够更为顺利地到达山顶，这也不失为明智之举。

墙壁上有小地方沾上了一些油，一只蚂蚁往墙上爬的时候经过了那里，很快便从墙上滑了下来，但是它没有放弃，依旧往上爬，不过每一次都会遇到那个地方，每一次又都滑下来，这样反反复复不知道多少次，它也没有能爬上那面墙。实际上，它只需要改变一下路线，就能顺利地爬上墙壁，但是它没有，一意孤行地走在原来的路线上，虽然我们不难看出蚂蚁那种顽强精神，然而，也不难想象，这种顽强是否有些愚昧呢？完全可以更顺利地爬到墙面上，而它却未曾想过改变自己的路线，永远徘徊在错误的误区之中。

毫无疑问，人生的道路上，没有人愿意走曲折的道路，都希望走上一条笔直的大路，沐浴着微风……然而，人们却忘了想象，当笔直的大路面临大面积“施工”“维修”的时候，与其站在那里等待，不如开辟一条小路，虽然小路弯弯曲曲，又多是山路，但相比去等待漫漫无期的大路要好得多吧！

诚然，很多走惯了平坦大路的人一遇到弯曲的小路不免心存疑虑，小路那么弯曲，多是山路定是很难走，不过假如你想更快、更好地获得成功，不愿意自己的成功在等待的路上荒废掉，那么，就必须学会偶尔地走走曲折的小路，因为只有懂得直曲并行的人才能成为最后的赢家。

生活中的方方面面都需要我们做到曲折前行，迂回前进。比如面对一件事情或者一个问题时，当我们的思路受阻时，不妨换一种想法再去思考，换一个角度再去面对，这个时候也许就会茅塞顿开，有种豁然开朗的感觉了！

一个温州商人开了一家服装厂做服装，起初生意做得是有声有色，但是随着其他的服装品种越来越多，尤其是一些国外的知名服装品牌纷纷在本地落户后，他的生意越来越难做了，他思考之后，觉得在这样竞争激烈的情况中争得高低实在是太难了，于是，他决定转而去投资其他人没有涉及到的地方。于是，他开始放弃服装制作，转而开始投产于服装相关的零附件，比如说拉链，纽扣等等，看似都是一些小东西，却给他带来了很高的利润，因为款式新颖，他的订单反而比以前做服装还要多，而且只要是做衣服就需要这些材料，以前是与其他服装厂间的竞争，现在依靠服装厂发财，转变了思路，他短短的两年间就赚了以前四五年才能赚到的利润。

日常工作中，我们也必须有迂回面对生活中的问题，凡事儿都应该有换个思路想想的念头，世上没有一条成功之路是笔直的，同样，也没有一条道路是绝对弯曲的。关键看你怎么走，如果你懂得曲直结合的道理，能够把握现实及时转变自己的思路，那么，就算是弯路对你的成功之行而言是也是直路；相反，如果你不能审时度势，总是一条路走到黑的话，即便是直路对于你而言其实也是曲折的。

法则 7

聚人，其实聚的是一种自我满足感

财聚则人散，财散则人聚

平常人都会说：钱财于人乃身外之物，生不带来，死不带走，何必那样为财舍命？但在现实生活中，爱财如命，为财舍命的人却不少。俗谚云：人为财死，鸟为食亡。这则俗谚揭示了人性中一个弱点，便是贪财。因贪财而去冒险，去偷窃，去干种种不道德之事，去聚敛不义之财。其结果，不是作奸犯科，身陷牢狱，就是丢人现眼，身败名裂，留下终生遗憾。

聪明的人并非不重财，不爱财，因为人要生活，养家糊口，哪能故作清高？但他们取之有道，用之有方。或善于商业经营，赚取利润，积累日多；或靠自己辛勤劳动，艰苦创业，因事业有成就而获得丰厚回报；有人日夜打拼，节俭度日，积年累月，有了点积蓄。总之，他们的钱财是用汗水换得，不是巧取豪夺、算尽机关得来的，这就叫取之有道。

有了钱财，如何花用，也是大有学问的。我们一生，也曾靠自己刻苦努力和艰辛经营积累过一些钱财，但我们绝对不是死守钱财的人，绝对不做金钱的奴隶。钱财取之社会，也要用之社会，让众多的人享用财富的利益，而不是一人或少数人独享。我的体会是：财聚则人散，财散则人聚。

有些私营企业的老板，费尽心机为自己聚集财富，拼命压低工人的工资，也不肯多分一点钱给为自己出谋划策，组织生产和打通市场销路的人。老板自己钱多了，腰包鼓胀起来，他买别墅，坐豪车，倚粉偎翠，灯红酒绿，醉心于奢华生活。但他不知道，自己聚敛的财富越多，失去的朋友也就越多，失去的人心更多。那些为他出过力、共过患难的人，感到老板为人吝啬刻薄，只顾自己，不肯分一杯羹给别人，人家还会继续为他卖力吗？于是，离心力产生，得力的助手纷纷离开他，另谋出路，老板渐渐成了孤家寡人，原来红火的企业，日渐萎缩暗淡，终于倒闭关门大吉。这就是“财聚则人散”的道理。

古代性情豪爽的人，并不太看重金钱。唐代大诗人李白在《将进酒》中说：“天生我才必有用，千金散尽还复来。”他在《上安州裴长史书》中谈到年轻时游淮扬一带时，不逾一年，散金三十余万，有落魄公子，他都解囊相济。如此轻财好施，使他结交了许多朋友。他曾与蜀中友人吴指南一同在楚地漫游，不幸，吴指南在洞庭湖边上死去，李白伏尸痛哭，格外伤心。当时正是炎天暑月，李白只得暂将吴指南安葬在湖边。几年之后，他又来到洞庭湖岸，将友人吴指南骨骸起出，装在麻袋里，徒步背着一直背到鄂城（今湖北武昌）东边安葬。李白就是这样重交重义，为朋友不惜散尽千金。这就是“财散则人聚”的道理。

熟悉中国古代历史的人都知道，战国时有善养士的“四君子”。即：魏国信陵君无忌、楚国春申君黄歇、齐国孟尝君田文、赵国平原君赵胜。他们各自门下都养了几千名士人。供给他们衣食，还照顾他们的特殊需要。这些士人平时看不出有多少才能，但在关键时刻，这些人的才能却一一显示出来，为“四君子”排难解纷，营造“三窟”，出了大力，成为历史上的佳话。这也是“财散则人聚”的明证。

我们不敢比附古人，但对上述道理却深信不疑，并在办学实践中将此理念贯彻始终。创业艰难的阶段，我们同甘共苦，尽可能地关照员工们的生活。以后情况逐渐好转，更要把关心员工福利摆上重要地位，有了钱除改善学校设施外，就是提高员工们的福利待遇。这些，都是“财聚则人散，财散则人聚”道理的现实体现。

打开幸福的钥匙

人们常说，知足者常乐，的确，知足是构筑幸福生活不可或缺的要素，无论你当下的生活有多么的不如意，但只要你心中有知足感，那么，你就能够找到幸福。

当然，常言也说："不满足是向上的阶梯"，诚然，人生不能缺少进取心，但过分的追逐名利往往得不偿失。其实，很多时候，只要你努力过了，付出了，也得到了收获，就不该对自己过分苛求，要知道，知足才能打开幸福的大门。

知足其实是一件非常容易的事情，只要我们对所拥有的东西感到满足便能得到，然而，现实中却很少人能够做到，他们总是无法客观并且准确地认识自己已经获得的东西，总是不断地抬高自己的目标和理想，不满足眼前的状态，从始至终都激进，因而很难用平和的心态面对人生，很难感受到身边的幸福。

一个很成功的商人，穿着范思哲，带着劳力士手表，开着法拉利，住着古堡建筑的别墅，闲暇时间还能够去迪拜购物……但是他却感觉不到幸福，回忆自己年少时的梦想，以为得到这一切财富就能收获快乐，直到拼搏了大半辈子才发现，原来，所谓幸福与财富并不对等，有些时候，你拥有了全世界的财富却比不上一个乞丐快乐。

像这位商人一样，为财富奋斗了大半辈子才悟出"有钱买不等于幸福"的人不在少数。如果他们肯在拼命赚钱的同时，多给自己一些时间，停下脚步去享受现有的生活，对自己的生活多一些满足，便不会在多年之后才感慨时间已过，幸福不再。这个世界上唯有知足的人才能领悟幸福的奥秘。

的确，你也会说，自己何尝不想停下来享受生活，只是并非自己不满足，而是当下社会压力这么大，能停的下吗？不可否认，生活中的压力随处可见，但那绝不是你不知足的借口，这个世界上没有任何人可以给自己减压，只有心态淡然，把握现在的生活，用知足的心态面对已经得到的一切，享受已经得到的幸福，这才是把握当下的意义，更是快乐的真谛。

懂得知足就是要有适可而止的精神，知足并不是安于现状，不是不思进取，更不是故步自封，而是对当下已拥有的表示满足，充分享受眼前的生活，更是对未来生活的蓄势待发，为今后的创新和进步提供更广阔平台。知足常乐的心态是理性进取的基础。我们在生活中，我们时常犯的错误就是，总是在考虑没有得到的东西，而常常忽略自己手中已有的东西，受欲望的驱使，我们常常把太多的经历浪费在不正当、不适合我们的事物中，甚至为此不择手段，直到有一天我们得到了自己欲望唆使的东西后，才恍然发现那并非快乐，但你已经无法回头，回首过往那些被错过的快乐与幸福，恐怕你会留下更多的感伤吧！

李晓奇隔着铁窗望着自己年幼的儿子，心里说不出的后悔，儿子还那么小，他不停地拉着妈妈的袖子问，爸爸怎么进到那里面去了，什么时候出来，不是说要一起去迪斯尼玩吗？

听着儿子的话，李晓奇的妻子哽咽着，李晓奇更是流下了眼泪。

回想当初的生活，多么的幸福啊，怎么自己就是不知道满足呢？

李晓奇大学毕业后就和妻子结婚了，婚后妻子去了事业单位上班，而他则下海经商，那真是十年如一日啊，不过李晓奇脑袋好使，生意越做也好，在别人还在能否在公司升个一官半职养家糊口而烦忧的时候，三十出头的他已经是小有名气的私营老板了。

那段时间的李晓奇是风光的，当然他的妻子也跟着自豪，看着事业越来越稳定，他们决定要一个孩子，一年后，李晓奇的儿子出生了，对这个家庭来说无疑是一桩大美事。

但是随后，李晓奇发誓要继续为了家人的幸福而努力打拼，虽然妻子无数次说已经很满足现在的生活了，可是李晓奇不以为然，现在的确条件还可以，但那是在这个小地方，要是在大城市，他们没准还是穷人呢，抱着这样的想法，李晓奇有了一种迫切生财的念头。

恰逢这个时候，他的一个大学同学找到了他，说一起做一个项目，虽然那个同学讲得很委婉，但是李晓奇一听便明白了所为的项目其实无异于商业融资，以李晓奇现有的公司为背景，加上同学的人脉两个人合伙融资，李晓奇觉得虽然风险很大，但是也可行，于是便和同学合作了，可是没想到，恰逢经济危机，融资过来的钱办了两个项目结果都赔得血本无归，随后，他们融资的钱只能用来填补上次融资的亏空，就这样，就像是滚雪球，负债越滚越多，最后，很多人举报了李晓奇的公司，最后，李晓奇也因商业诈骗入狱……

现在李晓奇回忆起来，无比的后悔，当初风险有多大他早就知道，可就是贪念和不满足使他越陷越深直至无法自拔，他也因此失去了原本幸福的家庭。

知足是幸福的基础，一个懂得知足的人无论在什么时候都能够冷静且心平气和地看待问题，尤其是在遇到人生的抉择或者心态不平衡对待的时候，他们总是能够多想想自己已经得到的东西，这样一来，他们很快便能恢复平静的心情，将心中的不悦、不满通通释放掉，心情自然也就变好了。

当我们感到生活不美满的时候，开始怀疑自己是不是个倒霉鬼的时候，不妨多想想知足这两字，让自己多去想想已经得到的，少一些贪心，无论是对钱、对名或是对情，都淡然一些，这样，我们才能看得更远，得到更多！

如果你还在为不快乐而烦恼，如果你还在抱怨生活得不够幸福，那么，绝非你的生活出了问题，而是你的内心出了问题，这个世界上，能让人烦恼的往往只是一件事儿，那就是想要得到的东西没能得到，人们因为不满足而感到烦恼、气不顺，心里不平衡。试想一下，如果我们能够对人生少一些要求，少一些私欲，反之，变得知足一些，少去钻牛角尖，生活便会是另一番样子。俗话说知足常乐，知足是常乐的前提，没有知足就不能有常乐，这一点，是我们每个人都该记住的真理！

欲望和幸福并不成正比

幸福是什么？这个问题被无数次地提到，也正如上面所写的那样，幸福其实很简单，只要你懂得去聆听内心的声音，扔掉那些过分繁重的欲望，让你的人生轻装上阵，那么，你便会被幸福包围。

很多人认为，追求幸福就要最大限度地完成所想，比如，所谓的名利，但其实，这是大错特错的，所谓幸福，应该从降低欲望做起，让自己平和地去面对人生，试想一下，如果你的心里总是装着太多的欲望和追求，每天你都为这些事情而烦心不已，怎么能感受到幸福呢？幸福与欲望永远是成反比的，欲望越小幸福越多。

欲望是难以填满的深谷，面对深谷，与其放任自己弥足深陷最后葬身其中，不如收敛起些许的欲望，平常心地生活，珍惜眼前所拥有的，这样，你的生活才会是真实的，幸福的。

古时候有一个故事，两个人去太阳谷淘金，第一个人装满了一个袋子马上走了，以免被太阳的高温灼伤；而第二个人看着满地的金子，不停地装，第一个人喊他，他就说再等等，再装一块，可是装完一块，又是一块，眼看着太阳光就要照过来了，他才想起要跑，可是这个时候，身上背得金子太重了，根本走不动，第一个人让他丢掉金子，自己可以分给他一半，但是他不肯，最后被活活地烧死了。

的确，欲望有的时候就像是滚雪球，会越滚越大，在后面追赶着我们向前走，但你真的坚定地认为前方就是幸福的目的地吗？

现实生活中，我们习惯了为目标拼命，习惯了向生活索取，以为得到的越多生活便会越幸福，殊不知，当我们费尽心思为了所谓的目标拼命时，已经错失了幸福的机会，因为这样的人永不会停下来，完成了一个目标，他会开始另一个，接着是下一个，永无止境的欲望会唆使他耗尽一生去追逐，如此追逐，得到的是一生的烦恼。

有些时候，在大城市生活惯了的我们，享受了无数的美好之后，很难理解那些生活在条件艰苦的小山村的人为什么总能那么快乐，但如果你融入他们的生活，不需要很久，你就能明白，这是因为，他们的利欲之心很淡，一点点的小事儿都足以让他们快乐，或许因为未曾拥有所以得到了更为之欣喜，但换个角度，未曾拥有他们尚可以如此快乐，而在他们眼中已经无所不有的你，为何整日拉着脸呢？不再想着“为什么我没有那个”，去想想“其实我已经有这个了！”

贾鑫一直是一个很有上进心的人，大学毕业后，他便开始积极工作，一干就是四五年，当然，这种拼劲也让他年纪轻轻就成为了公司的中层管理，这个时候，家里人催促他和相恋五年的女友结婚，他却总说再等等，不是因为不在乎女友，而是觉得工作还需要拼搏，现在不是结婚的时候，理解他的女友一次次地妥协，但是女人终逃不过年龄的威胁，一眨眼的功夫，曾经年轻的女友已经年过 30，但贾鑫却迟迟没有与女友结婚，在他心里，他还有太多目标没有完成，就这样，女友选择了别人，不是因为不爱，只是因为贾鑫没有给她一个承诺。

女友的离去没有让贾鑫开始反思自己的生活，相反他更加拼命了，没完没了地应酬，没完没了地喝酒谈生意……时间一晃又是四五年，贾鑫如愿当上了公司的总经理，就职会上，贾鑫又给自己定了新的计划，可就在那没多久，贾鑫竟然昏倒了在办公室，医院检查结果是因为长期的忙碌工作、吸烟喝酒、不良的生活习惯所致。

医生告诉贾鑫：“以后少喝酒，少应酬，身体重要，这样才对得起你的家人啊，对了，你有妻子了吧，你可以告诉她多给你做一些清淡的食物吃，这对你的健康很有帮助！”

医生无意间的一句话，让贾鑫为之一愣，是啊，自己眼看就 40 岁了，这个时候，他突然想起了曾经的女友，想到在一起的时候的快乐，想到当初为什么没有结婚？

贾鑫找到了大学的同学，得到了女友现在的地址，那天早上，他早早地来到女友家门前，不为别的就是想看看她，没一会儿，那扇门开了，女友还是那么漂亮，而且更成熟了，她身后的男人抱着一个小男孩，他们幸福的有说有笑……贾鑫看着那一幕，曾几何时，这是他想象中的幸福，然而，他怎么就错过了，目送着女友和家人消失在街道上，贾鑫走下车，站在树下，深深地吸了一口气，突然觉得轻松了很多，而后他开车去了大学时候最喜欢的快餐店，点了一份盖饭，没想到老板娘时隔那么久还记得自己，像以前那样给自己的盖饭上加了一个煎蛋，贾鑫吃着，觉得这么久从未吃过这么好吃的东西，也就在那一刻，他恍然觉得，自己拼搏了这么多年，以为能够得到幸福，却不料，原来幸福就在被自己忽略的小事中，只是曾经的他没有为此而感到满足，因为欲望让他想要的更多，同时也失去了更多！

对于幸福，有的时候我们需要的仅仅是盖饭中的那个煎蛋，当然你可以把煎蛋换成鲍鱼，或者更名贵的东西，但那并非是最适合你口味的。

人生中的幸福与欲望从来不成正比的，有可能你期盼的越多，就会失去得更多！

给自己的心灵一片空闲

一个阿拉伯人为了完成他赶骆驼运货的任务，一路上愁眉苦脸。骆驼问他：“你为什么事情而不开心呢？”

阿拉伯人回答：“我在想，如果跋山涉水，你将难以胜任这些旅程啊。”

骆驼问他：“你为什么要担心我呢？难道我不是号称‘沙漠之舟’的骆驼吗？难道是通过沙漠的坦途被封闭了吗？”

“人无远虑，必有近忧”。在我们的文化传统中，好像特别赞扬和鼓励那种“杞人式”的忧虑，大至忧国忧民，小至衣食住行，几乎让每个人的内心都被忧虑撑得满满的。事实上，忧虑一点也不能使事物圆满，它反而会使人无法更有效地处理现在的一切，因为忧虑可以说是非理性的，而所忧虑的人和事又多半是无法控制与把握的。你固然可以永无止境地忧虑，因为思考是你做人的根本。你可以忧虑战争、经济、疾病等，可是忧虑并不能为你带来快乐、繁荣或者健康。你毕竟不是一个超人，无法控制万事万物。而且，那些你常常所担忧的灾难真的一旦发生时，并不见得像你想象的那么可怕与不可思议。

曾经有位高级职员身患绝症，虽然幸运地治愈了，但他从此担心被免职，担心失去自己的地位和一切待遇。他的体重开始下降，经常失眠，饮食无味，他杞人忧天般地觉得，他有责任去担忧可能发生的不测。担忧了好几个月之后，他真的接到了免职通知，严重的失落感使他一下子消瘦许多。可是在三个月后，上司根据他的健康状况又任命他到某学府担任高职，待遇比原先更好，这给了他极大的满足感，便以更积极的态度来面对新工作。他因此了解到，原先的一切忧虑显得是那样的多余，他的地位非但没有下滑，自己的精神也没有崩溃，脑子里原来担忧的一幅悲惨景象，结果是以喜剧收场。这位高级职员从这件事中直接学到了忧虑无用也无益，从此便采取不忧虑的生活方式来面对生活了。

其实，把人生的一切看得淡泊一点，视名利为流水，视羞耻为过客，你便会觉得人世间实在是没什么可值得让人忧虑的！当你能够做到这一点时，你会发现自己的忧虑是多么的可笑，因为它并不能帮助你改变任何个人意志所能触及的任何事。当然，也不要把忧虑和未雨绸缪相混淆。如果你是在做应对各种危机可能发生的预案，那么现在的各项活动均有助于未来，这不是忧虑。筹划与忧虑的最大区别在于，前者是主动的、理性的，而后者则是被动的、非理性的。

宁静淡泊是内心，超脱尘事的豁达。春风大雅能容物，秋水文章不染尘。淡泊者须有云水气度松柏精神，不为名利所累，不为繁华所诱，从从容容，宠辱不惊，淡泊宁静是修身明志的最佳心灵空调。

除去心头的无穷贪念

心里有了太多的欲望，就会徒生烦恼。很多人根本就不知道满足，埋怨自己没有生在富贵之家，抱怨子孙们不能个个如龙似凤……

有个可怜的人死后进入天堂，上帝召见了他。这个人对着上帝哭诉了自己在人间的种种苦难，仁慈怜悯的上帝决定在这个人下一次投胎时，让他过上美好的生活。于是上帝问他："告诉我你下次投胎的愿望，我将尽量满足你。"

他回答："我希望我很有钱，很有才华，长得英俊潇洒，能获得最高的学位，当上高官成为有名望的人，别墅香车不能少，当然还要有一个美丽贤惠的娇妻和一对聪明伶俐的儿女……"

他的话还没有说完，就被上帝打断了。上帝正色地说："老兄，世界上如果有这么美好的事情，我还不如把我的位子让给你，由你安排我投胎去那里算了！"

——瞧，看来上帝过的也不是那么如意的生活，他更无法给人一个事事如意的人生。

列夫·托尔斯泰说过："俄罗斯人对于自己的财产从不满足，而对于自己的智慧却相当自信。"从这里就说明了知足有其自身的双重性。人们对于物欲的追求总会优越于精神的追求。一个人在精神上的知足后往往不能在物质上得以满足，这与人类的第一需要必须是温饱有关。

知足与不知足是一个量化的过程。我们不可能把知足一直停留在某一个水平线上，也不可能把不知足固定在某一个需要上。不同的年代，不同的环境，不同的阶层，不同的年龄，不同的生活经历，知足与不知足总会相互转化。穷苦的青年人还是不要知足的好，唯有这样，生活才会改观；一夜暴富的大款们，对于知识的追求多一些也许可以提升生活质量。但知足的农民从不妄想自己当总统，安分守己的乡村教师会把按时领取薪水当作一种最大的慰藉。

知足使人感到平静、安详、达观、超脱；不知足使人骚动、搏击、进取、奋斗；知足贵在知不可行而不行，不知足贵在可行而必行之。若知不行而勉为其难，势必劳而无功，若知可行而不行，这就是堕落和懈怠。这两者之间实际是一个“度”的问题。度就是分寸，是智慧，更是水平，只有在合适温度的条件下，树木才能够发芽。

在知足与不知足两者之间，人应更多地倾向于知足。因为它会使我们心态坦然。无所取，无所需，同时还不会有太多的思想负担。在知足的心态下，一切都会变得合理、正常且坦然，在这样的境遇之下，我们还会有什么不切合实际的欲望与要求呢？

学会知足，我们才能用一种超然的心态去面对眼前的一切，不以物喜，不以己悲，不做世间功利的奴隶，也不为凡尘中各种搅扰、牵累、烦恼所左右，使自己的人生不断得以升华；学会知足，我们才能在当今社会愈演愈烈的物欲和令人眼花缭乱、目迷神惑的世相百态面前神凝气静，能够做到坚守自己的精神家园，执着地追求自己的人生目标；学会知足，就能够使我们的生活多一些光亮，不再为过去的得失而感到后悔，也不再会为现在的失意而烦恼。从而摆脱虚荣，宠辱不惊，看山心静，看湖心宽，看树心朴，看星心明……

知足是一种极高的境界。知足的人总能够做到微笑地面对眼前的生活，在知足的人眼里，世界上没有解决不了的问题，没有蹚不过去的河，没有跨不过去的坎，他们会为自己寻找合适的台阶，而绝不会庸人自扰。知足的人，是快乐轻松的人。

知足是一种大度。大“肚”能容下天下纷繁的事，在知足者的眼里，一切过分的纷争和索取都显得多余。在他们的心理天平上，没有比知足更容易求得平衡了。

知足是一种宽容。对他人宽容，对社会宽容，对自己宽容，如此才能够得到一个相对宽松的生存环境，这实在是一件值得庆贺的事情。知足常乐，说的就是如此。

知足最可贵的地方是能够战胜自我，善待他人，善待自己。唯有知足者才能够正视现实、善于拼搏、善于总结教训、善于学习他人、谦虚谨慎、不卑不亢，在社会坐标上找到自己的位置，实现自己人生中的真正价值，从而使自己的人生充满激情，希望常驻。

知足常乐。但愿每个人都能够战胜自我，少一些固执，多一些灵活，少些抱怨，多些真情，让生活充满温馨的阳光。

淡泊明志，宁静致远。终日为了贪欲而处心积虑，不仅丧失了做人的乐趣，还会丧失别人对你的好感。

贪婪如“毒品”，切记要摆脱“蛊惑”

看过很多有关寻宝题材的电影，最后总有一批想要将宝藏占为已有的人死去，最后得出一个道理，为了不属自己的东西而拼命的人通常不会有好的结果，被不属于自己的东西引诱，以身犯险，最终大都得不偿失地失去所有，乃至生命。

面对生活中的诱惑，我们应该少一分贪婪，多些理性的思考，这样才能避开那些设在生活之中的陷阱，才不会被贪婪的欲望套牢。

这个世界上最容易上当受骗的就是爱贪小便宜的人，因为心中贪婪驱使，忘记了天上不会掉馅饼的道理，为了一点甜头，最后吃尽苦头。

现实中，因为一点蝇头小利，受贪欲驱使而吃大亏的例子屡见不鲜。

李明和他的弟弟高中毕业后就开了一家手机店，卖起了组装手机，组装手机的外形和很多大牌手机是一模一样的，但使用起来却截然不用，你可能会说，既然如此，人们为什么要买呢？答案只有一个——便宜，除此之外，李明和他弟弟还有一套推销手段。

当有顾客咨询手机价格的时候，李明就会问弟弟：“老板那个某某机型最便宜多少钱来着？”

他的弟弟会说：“1200元。”这个时候，李明会装作故意听不见，不停地问多少，多少，直到他的弟弟一连说了三四遍，李明会转过头来对顾客说：“对不起，耳朵以前受过伤不大好用，这款手机是720元！”

这个时候很多顾客会再三确认，但李明依旧会说“720元”，为了贪图那点便宜，很多顾客都不会对机子进行系统的检查而多半是匆忙付账怀着占了便宜的美好小心情走掉，殊不知，那款组装的手机成本不足 200 元！

除此之后，最近还在电视上看到了这样一个报道，一些人专门用丢在地上的一些首饰之类的东西引诱拾到者并且骗取巨额钱财。

前不久李女士就遭遇了这样一件事儿。

李女士今年 55 岁了，那天在去超市回来的路上，意外地在路边发现了一个小盒子，刚要捡起来，旁边一个年轻的女孩也走过来先李女士一步捡了起来，打开一看，是一条手链，“哇，这款手链我见过，挺贵的呢！”女孩说道，又看了看身边的李女士，便故作态度地说：“阿姨，这个是咱俩一起看到的，我特别喜欢，要不我给你点钱你给我吧！”

李女士一听，自己什么也没干，就能拿钱，自然是很开心，于是，女孩让李女士在原地等，说自己去取钱，说既然他俩说好了，所以失主来了也不能给了，李女士点头答应，便在原地等。

没一会儿，一个小伙子匆匆忙忙的过来，好像是在找东西，看到李女士便问：“您看到一个盒子没？里面有一个手链，那个是我刚给我未婚妻买的，5000 多呢，让我不小心给丢了，这可怎么办？”

李女士犹豫了一下摇摇头说没看见，但进一步确定这款手链很值钱，这个时候，那个女孩也回来了，对李女士说银行出故障了取不出钱来，女孩故作纠结的待了一会，对李女士说：“要不我给你了，你给我 800 块钱就成！”

李女士思前想后，觉得 800 元换 5000 多很划算，便同意了，因为是捡了别人的东西又私自做了交易，所以李女士拿着手链便匆忙地回家了，到了家里这才来得及仔细一看，发现并不是什么白金的啊，后来儿子回来了，一看便说李女士上当了，那根本就是条连 20 块钱都不值的假货。

后来，李女士报了案，经过警察调查，李女士才恍然大悟，所谓的失主和女孩都是人家设的套，经过这一次，李女士也长了教训，以后再也不贪小便宜了！

这个世界没有免费的午餐，如果你因为一时贪了小便宜，无异于掉入了一个陷阱，与你失去的相比，你所得到其实只是九牛一毛。生活中的陷阱处处都在，可能是一些小便宜、小利益，也可能是一些违法犯罪的大陷阱，但设这些陷阱的人都是抓住了人们内心的一个特点——贪婪的欲望，因为心中有贪念，所以常常在选择的时候缺乏理性的考虑，因而一个不经意便一失足成千古恨啊！

贪婪的欲望就像是毒品，一旦沾染就很难摆脱，然而，你始终要记得，因为贪婪而选择的路，等待你的绝不是如你所愿的美好与幸福，相反，是让你无法自拔的陷阱。

摆脱贪婪的蛊惑，对生活少一些贪欲，对现状多一些满足，对世事多一份冷静与清醒，这是我们每个人都该具备的素质！

内心的富足胜过一切

这个世界上的人们，每天都在寻找幸福之道，殊不知，幸福并不需要我们去寻找，幸福其实就在我们心里。

有些人物质上富足，但是内心贫瘠，这样的人不会幸福；有些人虽然过得平淡，但内心富足，这样的人必定幸福常伴，由此可见，真正的幸福源自富足的内心，但生活中能做到如此的人其实并不多，许多人原来有这幸福的生活，但因为内心的不满足受到贪婪的驱使，终日忙于拼命追逐眼前的利益，结果变得郁郁寡欢，错失了幸福。

如果我们能清心寡欲一些，能够对自己的内心多些控制，少些贪婪，生活上自然而然便能幸福了。

20 多年前，罗布泊曾经一度被人们认为是死亡之地，因为那里环境恶劣，很多人都一去无回，一个人在去了罗布泊回来之后写了一本传记，来记录一路上他的感触。他记得，一日他走在荒芜的土地上，在不远处看到一处用土垒起来的小矮墙，他走进一看，墙边竟然倒着一具赤裸的尸体，吓了一跳，随行的人四处看了看，找到一个本子，应该是这个人的日记，他打开日记后一页一页地看着，一开始记录着这个人在这里的经历，然而最后几页却是他对自己生活的回顾，从最初的文字到最后的过度，他清楚地看到了这个死去的人对自己的感恩之情，那个人回忆了自己来这里探险之前的生活，在他的笔下是那么的幸福，然而，那个人始终认为自己的人生是不能停下来的，要不断去探索，于是，他再一次离开家人走上了探索之路，没想到会一去不能回，于是，记下了他对人生最后的感激，他最后这样写道："我是一丝不挂地来到这个世界的，那就让我一丝不挂的离开吧，只是，我最后悔的是没能享受到人生中的幸福，不是因为生活的问题，而是因为我的问题，这是我的遗憾！"

是啊，我们来到这个世界上的时候一无所有，离开的时候也注定一无所有，看看你现在的生活吧，你已经拥有了多少东西，有人爱你，有工作可以做，有地方可以住……但是我们却未曾满足过，总是在祈祷上天能给你更多的东西，总是说眼前的并非你所要的。

如果你期待获得什么，那么不妨看看你已经得到了什么吧，如果你能把自己的生活标准降低一些，那么，你便更能得到幸福的眷顾。

所以，真正的幸福是来自内心的富足，物质的富足或许能够带给你舒适的生活，但你要知道，外界的优越永远与你内心的幸福是相符的，真正幸福的人知道什么是满足，因为他们了解，这个世界只有满足，才能留住幸福的脚步。

法则 4

做足人情：积谷防饥，日积月累

人情世故要看透，赤子之心不可无

我们生活在一个现实的社会。如果不想处处碰壁，你就必须懂得一些人情世故，掌握一些交际礼仪和沟通技巧，灵活地处世。学会一些人情世故，并不是教你违心、虚伪地迎合别人，钻空子，占便宜，而是在善良、真诚、宽容的基础上，做事掌握分寸，谨言慎行，礼行天下，智慧灵活地待人接物。

如果能做到这些的话，我们会少很多烦恼，对自己的生活和工作必定会有所帮助。

人不可能仅靠自己的力量生存，你不可避免地要和别人打交道，打交道就要学会处理人际关系，这些都是人情世故的内容。比如，你如果是一个直性子的人，请注意不要因为自己的口无遮拦而伤害你的朋友。因为很多时候，伤人的同时也是在伤害自己，在责怪周围人待你不善的同时，是不是也反省一下自己呢？

曾听办公室的同事说过这样一件事：某届昔日同窗大学毕业后，同住一个宿舍的七名男生中有六名进了市委和市属部门，只有小张到了市一中教书。毕业后第一年，七人相约聚会，尽欢而散。第二年，七人再次相聚，仍尽欢而散。第三年，六人已是副科级或科级干部，六人便与小张说不到一块儿了。第四年，六人相聚，没有邀请张老师，六位领导尽欢而散。以后三年相聚，没有人想起邀请小张。

第八年，小张因教学成绩突出，破格提拔为市一中副校长。考虑到日后子女入学，六位领导便决定邀请小张，可是却怎么也请不来张校长。

这件看起来很小的一件事，说明了什么呢？说明了这六位同窗都不懂人情世故，都太“势利”，都患了人性的“近视症”。

生活在大千世界里，你我都不是孤独的。亲朋好友、领导同事、街坊邻居，即便是收破烂、卖菜、卖瓜的，每天都会遇见，打声招呼，人人为我，我为人人，你中有我，我中有你，谁都离不开谁。

生活是平凡的，但又是丰富多彩的，人情世故不可少。

因此，我们可以得到一个结论：不管为政或做事，都要靠人生经验的积累。而人生经验累积成个什么东西呢？简单的四个字——“人情世故”。“人情”就是人与人的感情，人与人融洽相处的方式与情感。“世故”指的是（过去的、现在的、将来的）社会百态的变迁，包括文化的变迁、风俗的变迁、道德的变迁，等等。

综合来说就是了解人的特性，知道社会的发展趋势，了解各个层面细微的变化。如此一来，若真能做到“人情世故”那么还有什么事情是做不了的呢？

在拓展你的朋友圈时，如果我们能够调动自身的热情，以情动人，那么，听者的注意力便在我们的掌控之下，我们就掌握了开启听众心灵之门的钥匙。正如唐代大诗人白居易所说：“动人心者莫先于情。”唯有充沛的情感才会使“快者掀髯，愤者扼腕，悲者掩泣，羡者色飞”。

不管世界上哪一个国家的语言，只要饱含炽热的情感，就能产生巨大的影响，就能唤起群众的热诚，就有震撼人心的力量。美国的一位著名小说家说得好：“热情是每个艺术家的秘诀。这如同英雄有本领一样，是不能拿假武器去冒充的。”任何话语，情不深，则无以动人。

与人沟通时如果感情不真切，是逃不过成百上千听众的眼睛的。

一位著名演说家曾这样说过：“在演说和一切艺术活动中，唯真情，才能够使人怒；唯真情，才能使人怜；唯真情，才能使人笑；唯真情，才能使听众信服。”

假若你要为你的朋友圈存折多加一笔资金的话，你必须打动他，那“情”就是最好的工具。

第二次世界大战期间，英国首相丘吉尔在对秘书口授反击法西斯战争动员的演讲稿时，“像小孩一样，哭得涕泪横流”。他的这次演说动人灵魂，极大地鼓舞了英国人民的斗志。

沟通者具有真情实感并且能够平等待人，虚怀若谷，他的话语方能如滋润万物的甘霖，点点滑入听众的心田。而盛气凌人、眼睛向上把自己打扮成上帝，居功自傲的人，是无法和听众交心并赢得听众爱戴的。

储蓄人情，重在平时下功夫

钱钟书是个别人为他做了事，他一辈子都记着的人。时隔多年后，黄佐临导演之女黄蜀芹怀揣着父亲的亲笔信，得到钱钟书亲允，开拍电视连续剧《围城》。这是黄佐临导演当年储蓄下人情的缘故。

《围城》一书的作者钱钟书先生在困居上海孤岛的时候，曾经窘迫过好一阵子。他辞退了保姆后，家务都由夫人杨绛操持着。那时，他的学术文稿没人买。于是，他写小说的动机里就多少掺进了挣钱养家的成分。但一天 500 字的精工细作，绝对不是商业性的写作速度。幸好当时黄佐临导演上演了杨绛的四幕喜剧《称心如意》和五幕喜剧《弄假成真》，并及时支付了酬金，才使钱家渡过了难关。

黄佐临导演在当时不会想得那么远、那么功利，但是后世之事却给了他作为好施之人一个不小的回报。这就如同一个人为防不测，须养成“储蓄”的习惯，甚至会让子孙后代得到好处。

俗话说：“在家靠父母，出门靠朋友。”在今天的人际交往中也是如此，多一个朋友就多一条路。要想人缘好，自己必须先储蓄人情。我们存有乐善好施、成人之美的心思，才能为自己多储存些人情。

想要别人在关键时刻帮助自己，就要懂得在平时储蓄人情。人情是你广结人脉的重要财富。在人际交往中，当见到有朋友需要帮忙时，你要及时伸出援助之手。这样，你就在自己的“人情账户”中新添了一个正数。

重视储蓄人情可以扩充你的人脉，为你日后的发展带来意想不到的帮助。

人情观念要像金钱观念一样，多多益善，这样才能左右逢源。而且，储蓄人情其实是一件很容易的事情，有时候甚至是举手之劳。对于一个处境窘迫的穷人，十元钱的帮助可能会使他暂时度过饥饿和困苦时期，此后他或许还能干一番事业，闯出自己的一片天下；对于一个放浪形骸的浪子，一次促膝交心的长谈可能会使他建立做人的尊严和自信。这些，无疑都是你建立零存整取的“人情账户”的最佳方式。

就是对一个万恶之人很随意的一次帮助，可能也会使他突然悟到善良的难得和真情的可贵。他看到有人遇到难处时，会很快从自己曾经被人帮助的回忆中汲取善良。

求人帮忙是被动的，可如果别人欠了你的人情，求他办事自然会很容易，有时甚至不用自己开口。做人做得如此风光，大多与善于结交、乐善好施有关。积累人情这一无形资本是人情关系学中最基本的策略，是开发和运用人脉资源最为稳妥的手段。

不要小看对一个失意之人说一句暖心的话，对一个将倒之人轻轻地扶一把，对一个无望之人赋予一片真挚的信任……这些也许都会成为你的人情积蓄。

人都是有感情的。感情就是人与人之间相互联系的纽带。但是，人情的运用也要讲究原则和分寸，挥霍无度只会适得其反。虽然，人情的威力很大，它可以帮我们做很多原来自以为不可能的事，但是人情并不是取之不尽的，任你来自由取用的。相反，人情就像银行的存款，挥霍无度只会入不敷出。

无度地挥霍人情，一般会造成两个后果：一是，会使你们之间的感情开始转淡，继而让他对你避之唯恐不及，甚至可能情分就此中断；二是，你在他眼中变成不知人情世故的人，而这对你是非常不利的。那么如何动用人情才不是“挥霍”呢？做好估算，尽量把人情用在刀刃上。先弄清你与对方的交情究竟有多深，人情究竟有多重，然后再掂量事情的分量，看看是否适宜找对方帮忙，千万不要没个轻重缓急。并且，动用人情的次数要尽量少，以免提早把人情存款用光，那样你就会“情到用时方恨少”。

当然，也有主动帮你忙的人，但你切勿认为这是理所当然的。你若无适度的回馈，那就也是一种对人情的“耗费”。要注重长线投资，俗话说：“路遥知马力，日久见人心。”大多数的人情投资都需要较长的时间才能结出果实。毕竟，人与人之间的理解与信任需要一个过程。

现代社会讲求的是实效，而要达到这个目的，在很大程度上就要借助一些外力，也就是人缘。你不仅要广结善缘，还要养成“储蓄”人情的习惯，以为自己建立起零存整取的“人情账户”。

投其所好，寻找“共鸣”

塞万堤及先生一直试着要把奶酪卖给纽约的某家饭店。一连三年，他每天都打电话给该饭店的经理。他也参加过该经理的社交聚会。他甚至还在该饭店订了个房间，住在那儿，以便做成这笔生意。但是他都失败了。

塞万堤及先生说：“在研究过这位饭店经理的为人处世之后，我决定转换策略。我决定要找出那个人最喜欢的是什么——他所喜好的是什么。

“我发现他是一个叫作美国旅馆招待者的旅馆人士组织的一员。他不只是该组织的一员，由于他积极努力，还被选为主席以及国际招待者的主席。不论会议在什么地方举行，他一定会到场。

“因此，这次我见到他的时候，我开始谈论他的那个组织。我看到的反应真让我难以想象。多么不同的反应！他跟我谈了半个小时，都是有关他的组织，语调充满激情。我能看出来，那个组织是他的爱好所在，他的志向火焰。在我离开他的办公室之前，他赠了一张会员证给我。

“虽然我一点也没提到奶酪的事，但是几天之后，他饭店的大厨师见到我的时候说：你真的把他打动了！

“想想看吧！我缠了那个人三年——一心想得到他的生意——如果我不是最后用心去找出他的爱好所在，了解到他喜欢谈的是什么话，那我至今仍然只能缠着他。”

有一位沟通高手说过这样的话：“如果你能和任何人连续谈上十分钟而使对方感兴趣，那你便是一流的沟通高手。”

拓展人际关系时来点“投其所好”是很有必要的，多说一些美好的积善的话，得饶人处且饶人。“投其所好”要注意“因人而异”。鬼谷子指出：与智慧型的人说话，凭借的是见闻的广博；与见闻广博的人说话，凭借的是辨析的能力；与善辩的人说话，就要简明扼要；与君（领导）说话，就要用奇妙的事来打动他；与臣子说话，就要用好处来说服他；别人不愿意做的事情，就不要勉强；对方所喜欢的，就模仿而顺从他；对方所讨厌的，就避开而不谈它。能做到这些，就已经是“投其所好”的高手了。

同陌生人谈话最重要的就是能够尽快地找到双方的共同点。从双方的共鸣共振中，投其所好，使事情顺利地发展下去。怎样才能利用“共鸣”，投其所好，寻找共同话题，更好地拓展自己的朋友圈呢？

1. 明察秋毫

陌生人相遇，为了打破沉默的局面，开口讲话是必要的。有人以客套的打招呼开场；有人以行为开场，一边帮对方做些急需帮助的事，一边以话试探；有人是找个很好的借口，借题发挥。

李女士到医院里就诊，坐在候诊大厅里，邻座坐着的一位大姐很健康，大姐主动问她：“你是来看什么病的？听口音不像本地人，你老家是哪里的呀？”当她得知李女士是山东青岛人时，很开心地说：“青岛非常美，我以前出差多次去过……”李女士便问：“那您在什么单位工作呀？”于是她们亲切地交谈起来，等到就诊时，她们已经是熟悉的朋友了，分手时还互留了联系方式。这种融洽的效果看上去是偶然的，实际上也是有其必然根源。只有通过明察秋毫发现共同点，交际才能自如。

2. 细心揣测

为了发现陌生人同自己的共同话题，可以在需要交际的人同别人谈话时留心分析、揣摩，也可以在对方和自己交谈时揣摩对方的心思，从而产生共鸣。在公共汽车上，小叶不慎踩到了旁边一位老者的脚，她忙道歉说：“对不起，对不起。”

老先生笑着说："你是东北人吧！"小叶奇怪地点点头，老先生忙说："我曾经在那里工作了二十年，那是十年前的事了，现在东北变化挺大吧！"这样一路下来，小叶同老先生谈得很投缘。后来才得知，老先生就是小叶上学的学校的老教授，后来小叶还多次拜访过老先生，受益匪浅。

可见通过细心揣摩对方的谈话，可以找出双方的接洽点，使陌生的路人变为熟人，进而拓展你的朋友圈。

3. 照顾到多数人

面对众多的陌生人进行沟通时，要选择众人关心的事件为话题，把话题瞄准大家感兴趣的方向。这类话题是大家想谈、爱谈，而且又都能谈的，人人都可以插上话，自然也就创造了氛围，以至引起许多人的议论和发言，导致"语花"飞溅。

4. 反面激将

当对方不愿就某一话题沟通，说"不知道""没意见"进行搪塞时，可以抓住对方知而不说、知真说假的心理，用"激将法"激起对方的热情，进而达到合作的目的。但要因人而异，掌握分寸，不可"激将"。

5. 投石问路

向河中投块石子，探明水的深浅再过河，就能有把握地前进。与陌生人交谈，先提一些"投石"式的问题，在略有了解后再有方向地交谈，才能谈得更为自如。如在聚会时见到陌生的邻座，便可先"投石"询问："你和 ×× 是老乡还是老同学？"无论问话的前半句对，还是后半句对，都可循着对的一方面交谈下去；如果问得都不对，对方回答说是"老同事"，那也可谈下去。

6. 循趣入话

根据对方爱好引发话题。当别人谈到自己的爱好时，便很容易专注，谈起来也津津有味。主动交谈者可以投其所好，同时借题发挥，巧妙地提出话题。

如对方喜爱象棋，便可以此为话题，谈下棋的情趣，车、马、炮的运用，等等。如果你对下棋略通一二，那肯定谈得投缘。如你对下棋不甚了解，那也正是个学习的机会，可做个倾听者，适时插话，借此开拓眼界。

7. 从心情下手

必须学会察言观色，抓住对方的心理状态，根据对方心情的波动，投其所好，引出话题。如果对方处于暴跳如雷或悲痛欲绝的情况，就应少安毋躁，先安慰对方，使之情绪稳定下来。

8. 即兴引入

巧妙地借用彼时、彼地、彼人的某些档案为题，借此引发交谈。有人善于借助对方的姓名、籍贯、年龄、服饰、职业，等等，即兴引出话题，常常取得惊人的效果。“即兴引入”法的优点是灵活自然，就地取材，其关键是思维跳跃要快，能作由此及彼的联想。

还可以针对对方的缺点引发话题，从体谅、爱护对方出发。动之以情、晓之以理，委婉而中肯地提出话题，阐述自己的建议。

人情要做活，不能做死

人生活在社会当中，时时刻刻都要在群体活动中度过，没有群体活动的人生是没有任何意义的，所以，社会交际、朋友间的联络便成了人生的焦点问题之一。人脉关系需要精心经营和维护，在与朋友间的交往中需要培养一种习惯：没事的时候也要记得与他们经常保持联络。

举一个生活中常见的例子，如果你的一位十多年前的小学同学，其实你们住同一城市，彼此都知道对方的联系方式，但是在逢年过节或者你遭遇不顺时，他从来就未对你问候过。突然有一天，他主动打电话过来要你帮他一个忙，你会怎么想呢？多少还是会有那么一点不太乐意去帮他吧？反过来，如果你与他或许有几次的联络，在节日或你的生日时问候过你、在你患难的时候关心过你，这时他打电话过来寻找你的帮忙，你心里就乐意多了吧？

在一本关于人脉的书上说到人脉时，重点提到人人都要成立一个“铁哥们系统”，一个互相帮助的人脉，彼此留意对双方有帮助的事情。我有一个叫“青儿”的文友，她的弟弟曾遭遇人生的诸多挫折，但他结交了一批肝胆相照的铁哥们，这批铁哥们是他的一支最牢靠的人脉，他们意气相投，你帮我助，患难与共，为他以后的事业打好了坚实的基础。这个“铁哥们系统”，无非是能患难与共，互帮互助，但其结果就是做活了人情。

人情要做活，不能做死，而做活人情的唯一途径就是经常联络，相互帮忙。试想，朋友之间的感情发展，就像银行业务中的零存整取，平时一点儿一点儿地储蓄，到了一年、两年后就有一笔钱了。朋友之间的关系同样需要维护和经营，平时互相不来往，相当于不存钱；有事才想到找朋友帮忙，相当于从存折中取钱，只取不存，存折迟早会空的。以这种方式对待朋友，朋友之间的情感最终会枯竭，这种情况肯定不是我们乐于见到的。

所以平时要多与朋友联系，感谢朋友的关心和帮助，同时也要适当地拜访朋友，主动关心朋友、帮助朋友，这样才可以增进了解、培养感情。交朋友虽有功利性目的，但并不是朋友间的每一次来往都是以利益来估价的。朋友间的大部分交往都是出于增进感情的目的，需要一点点地累积，其实也就是不断地为你的人脉关系添加润滑剂，使你的人脉关系更光鲜。这种润滑剂，就是我们平时要多做人情。

良好的人脉关系是在平时的交往和联络中建立起来的，没事相求时也要想到与朋友交流一下思想、道一声问候。在这种交往、联络过程中我们更强调真心和坦诚，而不是一种形式和纯利用的商业化关系。如果你只是出于商业目的而刻意去培养友谊或者纯粹把它作为促进自身事业的一种手段，虽然表面上看起来你与你周围的人关系良好，你对别人也友善热情，但别人一旦发现你的意图之后，就不会把你当作真正的朋友。在你经营失败或遇到灾难的时候，那些表面的朋友都会一个个离开你，原因就是你平时不是真心待别人，而是在利用别人，从未不求回报地帮助过别人。说白了，你做的这种人情，就是一种伪人情，或假人情。

如果想交到真正的朋友，建立牢固的人脉关系，还必须学会做珍贵且高尚的人情，即努力培养一些高尚的品质，宽宏大量、发自内心深处的友善和施恩不图报的乐于助人的精神。这样就更容易做活人情。

许多人在谈及自己的提升或最初的成功时，都忘不了说到自己乐于助人，林肯在这方面就有突出的表现。他乐于助人，他在任何场合都能与别人打成一片。他在律师事务所的合伙人亨恩顿先生说："在林肯先生的住所住满了人的时候，他会把自己的床让给别人，然后他自己就到店里的柜台上睡，卷一卷布当作枕头。似乎谁有困难都会想到向他求助。"他的这种品质就像一块磁石，可以吸引别人的目光，吸引别人的心。

曾有一位同事讲过这样一件事：在某办公室，小张拟了一份项目策划书，内容很有价值，但可能不合经理胃口，要被拒绝。小张正在犹豫不决，旁边还有人冷嘲热讽，挤眉弄眼。下班后同事小吴过来帮他看了看策划书，为小张提了一些合理的建议，进行了一定的修改之后交给了经理。后来这个项目策划被经理采纳了，还给小张加薪奖励。小张将小吴的帮助牢记在心里了。过了一段时间，小吴想申请配一台笔记本电脑，按经理的风格，这个申请批准的可能性有点小，但笔记本电脑对他经常出差又很必要，这时小张给小吴帮忙出点子，劝小吴在申请书上注明："这台电脑将在与我们有业务往来的那家公司，以最低价格购买。"结果小吴的申请被批准了。

小张和小吴在工作中互相帮助对方完成自己的心愿，都做了一个漂亮的人情，既擦亮了周围的人脉，又赢得了同事的尊重和佩服。

从以上例子中可以看出，你对别人的帮助应落到实处，不要停留在口头上，要有行动，并彻底帮助他人解决实际的困难，让你付出的帮助能真正起到实效。

要做到无私地、诚恳地、不图半点回报地帮助别人已经很难做到，如果要持之以恒地帮助别人就更难了。所以，无私地、始终如一地帮助别人，一直是受到社会普遍尊敬的优良品质。如果你能达到这种境界，能够毫无私心地帮助别人，并且坚持不懈地帮助别人，这不仅会为你的人脉添加一个重要砝码，赢得朋友、赢得信任，还能最大限度地激活你的人情。

人情做足，真情自来

有朋自远方来，不亦乐乎！朋友之间相聚，除了叙旧情之外，当然还有事相求，也就是说朋友之间免不了常有人情往来。既为朋友，自然要对朋友的托付尽心尽力，但在送朋友人情之前，还是要权衡一番利弊，切不可不辨事情性质的好坏，不分事情的大小轻重，而一口答应。有害自己的尽可能不做，有弊的少做，有利的就尽管去做，把人情做足，好人做到底，想朋友之想，急朋友之急，在朋友最困难最急需的时候，给朋友一个最大的人情。

把人情做足，有两个含义：一是人情要做完，二是人情要做充分。人情做完本是分内之事，就像东西要完整，不完整便残破不堪，事情要做完，不能半途而废一样。如果朋友求你办什么事，你满口承诺，但到时你给他的只是没有结果的结果，他表面上不说，心中必定有一些失望。人情只做一半，叫帮倒忙，叫半途而废，不但前功尽弃，还落下说话不算话的口实，影响了自己的诚信度。

人情做充分，就是不仅要做完，还要尽心尽力去做好，尽量做得尽善尽美。答应了人家的事，就不要管有没有时间和精力，不要管付出多少，有无回报，你都要尽心去做，不能做得勉强，敷衍应付了事，如果做得太勉强，即使事情做成了，你的敷衍态度还是会让朋友在感情上受到伤害。

人情做足了自然会得到朋友的十二分感激，让朋友难以忘怀。人情做足了友情便会迅速升华，甚至会让人永远刻骨铭心。

大多数情况下，是人们疏忽了一点，那就是再芬芳美丽的花朵，都需要经常灌溉，需要雨露的滋润；同样，人与人之间情缘再好，也还是需要不断地追加感情投资。

人情如同人际关系中的盐，多了太咸，缺少了一切都会乏味。什么事情都会有个限度，再好的事情都要有个分寸。越过了那个度，它就失去了原有的价值，自然也就不会被人好好珍惜了。一个有心人应该懂得把人情生意做得不咸不淡，恰到好处。

三国争霸前，周瑜在袁术手下为官，做一个小县令。有一年地方发生了饥荒，百姓没有粮食吃，活活饿死了不少人，士兵们也饿得失去了战斗力。周瑜作为父母官，看到这悲惨情形急得心慌意乱，不知如何是好。周瑜听说附近有个乐善好施的财主鲁肃，就登门去借粮，两人寒暄了一阵，周瑜就直接说："不瞒老兄，小弟此次造访，是想借粮食。"

鲁肃听后哈哈大笑："此乃区区小事，我答应你就是了。"

鲁肃亲自带周瑜去查看粮仓，这时鲁家存有两仓粮食，鲁肃就痛快地说："也别提什么借不借的，我把其中一仓送给你就是了。"

周瑜及手下一听他如此大方，都愣住了，要知道，在饥荒之年，粮食就是生命啊！鲁肃可谓送了周瑜一个大人情。鲁肃做足了人情，和周瑜交上了好朋友。后来周瑜发达了，当上了将军，他牢记鲁肃的恩德，将他推荐给了孙权，鲁肃终于得到了大展宏图的机会。

可见，人情做足了自然会赢得朋友的万分感激，让对方记挂你一辈子。

如何交友就有个如何做人情的问题。朋友之间没有人情往来，友谊就会淡漠，甚至消失。所以说朋友之间人情不但要做，而且一定要做足。

做足人情，还有一个意思，就是你欠了朋友的一个人情，还的时候，要还足，甚至还更多。你的人情大于他的，他就记着你的人情。因为，朋友之间的账，永远也算不清，从某种意义上讲，这种算不清的账，无疑成了朋友之间联系的一种纽带。

做足人情，做对事情，不仅社会和谐，朋友高兴，你的人脉也就自然更加牢固可靠了。总之，这是一门学问，值得我们好好学习。

人们之所以说话，其目的就在于交流，人说人语，鬼说鬼话，半鬼半仙的妖人说妖言。讲话以前要平衡掌握听众的水平，弄不好就会犯错误。搭话以前要思考一下问话者的人品，弄不好就出毛病。因此，见人要说人话，见鬼要说鬼话，见妖要说妖话。见人说鬼话是虚伪的，见鬼说人话是浪费时间的，见人说人话需要艺术，讲究一点艺术就不会伤害人了；见鬼说鬼话需要些技术，然后采用一点技术就不会被鬼咬伤了；见妖说妖话要睁一只眼闭一只眼，稍不注意就会被妖人“忽悠”。

言为心声，说话可以展现一个人独有的魅力。老子在《道德经》里指出：“信言不美，美言不信。”另外孔子还强调：“巧言令色，鲜仁矣！”

平时在交往中，不光要注意对方的身份，还要从心理上进行分析、地域上进行划分，年龄、性别、职业、性格、文化修养、兴趣爱好等都是我们需要注意的点。

比如，与领导说话或是探讨工作，就应该尽量用“请教”的语气让领导多指导工作，多讨教办事经验，他会觉得你尊重他，看重他，所以，在工作中，在办事过程中即使你全都懂，也要装出有不明白的地方，然后主动去问领导：“关于这事，我不太了解，应该如何办？”或“这件看来这样做比较好，领导还有什么指教的吗？”

领导一定会很高兴地说：“嗯，就照这样做！”或“这个地方你要修改一下！”或“大体这样就好了！”如此一来，我们不但会减少错误，还会在领导面前呈现自身的价值，有了他的帮助和支持，后面的事情就好办多了。

通过对手无意中显示出来的态度及姿态，剖析他的心理，有时能捕捉到比语言表露更真实、更细微的思想。

我们很常见的有对方抱着胳膊，表示在思考问题；抱着头，表明一筹莫展；垂头丧气、步履沉重，说明他心灰意懒；昂首挺胸、高谈阔论，是自信的流露；真正自信而有实力的人，反而会探身谦虚地听取别人的讲话；抖动双腿常常是内心急躁苦思对策的动作，若是轻微颤动，就可能是心情自在的表现。

法则 5

提升人情：投资啥都不如投资人情

主动交友很重要

什么是朋友？朋友就是你能信任他、他也了解你的人；朋友是能分享你的成功、你的喜悦而从不忌妒你的人；朋友是能倾听你的烦恼并给予有益建议而不泄露隐私的人；朋友是在你需要时能给予你帮助而不求任何回报的人。

听电台的点歌节目时，经常听到有人说，“我想把这首歌送给所有认识我和我认识的朋友”。不知道人们在做着这样的表白前，是否真的盘算过，这个世界上，“认识我和我认识的朋友”一共有多少。

有一句名言这样说：“灵魂，要吸收另一颗灵魂的感情来充实自己，然而以更丰富的感情回送给别人，人与人之间，如果没有这点美妙的关系，心就没有生机，它缺乏空气，就会难受枯萎。”

在现实生活中，主动交友的好处很多、益处很大。

1. 一个人在现实生活中，难免有种种疑惑、困惑，需要寻求帮助，听听他人的分析，使自己在做出抉择之前，取得比较明智的见解，以便下定决心。

2. 作为朋友，当你有了困难，能鼓励你奋进；有了挫折，促你奋起；有了志向，催你奋斗；当你发奋有为时，朋友会提醒你谦虚谨慎；当你看到天外有天，人上有人，不满、妒忌，萌生邪念时，朋友会委婉地规劝你，让你悬崖勒马，远离“一失足成千古恨”的危险境地。

3. 良好的情绪状态，可能使生理功能处于最佳状态。因此，融洽相处、与友交往、与人为善，是最好的心理养生，会使你心理上保持健康，从而延年益寿。

4. 与有头脑的朋友交往，在智力上会大为受益。“听君一席话，胜读十年书”，茅塞顿开，也许对命运的改观，会起到很好的引导。广交朋友，能使您熟悉各种环境，尽快地适应各种环境。

所以，人在生活中不要自视清高，不要孤立自己，不要狭隘、保守，而要主动结交四面八方的朋友，以赢得人脉，促进事业成功。

人情往来，要有来有往

“他”送给我桃，“我”以李子回赠，这就是人情来往，表现了人与人之间的一种感恩和回报，体现了你与我之间蕴含的人文关怀和人道和谐。言间赋予的意义并不仅在“桃”或“李”，也在于“投”和“报”，赠予物本身固然有一定的意义，赠予物形外的价值更是不可比拟。

人情不仅要做，而且要多做，要先做，这样才能获得好人脉。只有先学会给予，才能收获回报，这是古人“投桃报李”的故事给我们的启示。也就是说，投桃报李先要投，你如果连一个桃子也不愿给他人，却企望别人给你一筐李子，世上又怎么能老有这样的好事呢？

在英国的苏格兰，有一位贫苦农夫叫弗莱明，他心地善良，乐于助人。有一次他在田里耕作时，忽然听到附近的泥沼地带有人发出呼救的哭泣声，他当即放下手中的农具，迅速地跑到泥沼地边，发现有一个男孩掉进了粪池里，他急忙将这个男孩救起来，使他脱离了生命危险。

两天以后，一位高雅的绅士驾着一辆华丽的马车来到了弗莱明所住的农舍，彬彬有礼地自我介绍说，他就是被救男孩的父亲，特此前来道谢。这位绅士表示要以优厚的财礼予以报答，农夫却坚持不受，他一再申明：“我不能因救了你的小孩而接受报酬。”正在互相推让之际，一个英俊少年突然从外面走进屋来，绅士便问道：“这是你的儿子吗？”农夫很高兴地点点头说：“正是。”绅士接着说道：“那好，你既然救了我的孩子，那就也让我为你的儿子尽点力，让我们订个协议吧，请允许我把你的儿子带走，我要让他受到良好的教育。假如这个孩子也像他父亲一样善良，那么他将来一定会成为一位令你感到骄傲的人。”鉴于绅士的诚心诚意，农夫只好答应了他的提议。

绅士非常讲信誉，重承诺，不但把农夫的孩子送到学校读书，而且还供他到圣玛利医学院上学，直至毕业。

这个农夫的孩子不是别人，他就是后来英国著名的细菌学家亚历山大·弗莱明教授。他于1928年首次发现了举世闻名的青霉素，后来又经过英国病理学家弗洛里和德国生物学家钱恩的进一步研究完善，于1941年开始用于临床，并于1943年逐渐加以推广。青霉素被公认为是第二次世界大战中与原子弹和雷达相并列的第三个重大发明。而上面提到的那个绅士便是英国上议院议员丘吉尔，那个被农夫救起的孩子后来成了英国著名的政治家、“二战”时期的首相丘吉尔爵士。

这个农夫救了一个小孩子的命，对绅士来说，确实是一个不小的“人情”，但谁也没有料到，农夫所做的这个“人情”对后世会发生如此重大的影响，他自己的儿子也因这个“人情”而获得受到高等教育的机会，日后竟然会成为英国著名的细菌学家和青霉素的发现者。丘吉尔首相在“二战”中的卓著功勋无须赘述，弗莱明教授发现的青霉素也不知拯救了多少过去根本无法拯救的生命，真是为全人类造福不浅。从这个意义上讲，那位行善积德的农夫弗莱明所投的桃子就是一份世上最珍贵的“人情”——助人为乐之心，他所得的报酬也不是一筐李子所能替代的，而是最高和最优厚的“人情”，也可以说是举世无双的“人情”。

人际交往免不了人情来往，人脉关系少不了人情来往。在你来我去的“人情”来往中，我们要记住：投桃报李先要投，而且是不求回报地投。不求回报的给予往往能得到最丰厚的回报，社会的规律不会忽略任何一个善良的人。

尊重对方，避免对别人的伤害

通用电气公司面临一项需要慎重处理的工作：免除查尔斯·史坦恩梅兹的部门主管职务。史坦恩梅兹在电器方面有着过人的天分，但让他担任计算机部门的主管却是彻底的失败。不过，公司却不敢冒犯他，因为公司的研发真的少不了他，而他又十分敏感。

为了处理这个棘手的问题，杰克·韦尔奇把史坦恩梅兹叫到办公室，对他说："史坦恩梅兹先生，现在有一个通用电气公司顾问工程师的职务，由你来担任如何？我暂时还找不到合适的人来担任这个职务。"

史坦恩梅兹一听，十分高兴地回答："没问题，只要是公司决定的，我就乐意接受。"对这一调动，史坦恩梅兹十分满意，虽然工作还和以前一样，只是换了一个新头衔，并让其他人担任计算机部门主管。杰克·韦尔奇对此感到很高兴。他调动了这位最暴躁的"大牌明星"职员的工作，而且他的做法没有引起该职员的强烈反应，因为他让史坦恩梅兹保住了面子。

避免让他人受到伤害，保全他人的面子，在日常工作中是一项极为重要的原则。但是，却很少有人能想到这一点。在处理具体事情时，不少人往往自以为是地抹杀他人的建议，或者经常在其他人面前批评犯了错误的员工，从来不顾及他们的感受。与此相反，如果你能够冷静下来，哪怕是短时间的思考，说一两句体谅对方的话，都可以减少对别人的伤害。

和谐人际关系的建立基础就是彼此之间互不伤害，这就要求大家在与别人相处时，要学会尊重对方，尽量减少对其造成伤害。如果一个人一开始就谦虚地承认自己可能会犯错误，并且不是一个没有缺点的人，那么在这个之后，即使他犯了错误，陈述自己的过失，大家都不会认为他这是在为自己辩解，而干脆拒绝与他谈话了。

人们往往能够轻易地原谅那些敢于承认错误的人。因为，他已经认识到错误了，这种行为足以改变周围人对他的看法。成功学大师卡耐基说过，“要改变一个人又不至于伤害他的感情或引起他的憎恨，就要遵守这样的规则：在批评别人之前，先改正你自己的错误。用建议而不用命令，不但能维持对方的自尊，而且能使他乐于改正错误，并与你合作。”

有谁会在生活中不顾及自己的脸面呢？一两句体谅的话，对他人表示一种宽容的态度，都可以减少对他人的伤害，从而保住他人的面子。即使明明真理已经掌握在自己的手里，并且对方绝对是错误的，我们也会因让对方失去面子而伤害到他，甚至毁了他的自我。

当很想批评别人的时候，我们要明白，批评就像家鸽，它们总会回来的。我们准备纠正和指责的人，可能会为自己辩护，反过来谴责我们。因此，我们不要责怪别人，而要试着了解他们，明白他们为什么会那样做。这比批评更有益处，也更有意义得多。

当我们选择原谅对方的错误时，他会更多地感到悔恨，同时类似行为再次发生的可能性也会降低。选择原谅与宽容并不容易，但这却是减少未来再次受到伤害的最佳方式。

避免让他人受到伤害，大家可以从以下五个方面做起：

1. 直言不讳

当面对伤害你的人时，要把话说清楚。一般来说，人受到伤害后，常常会暗中恨对方而不愿公开表示出来。这样于人于己都不利。你应该面对已经发生的事实，当面向对方指出。

2. 体察事由

仔细地体察事件的因由，只对不平之事表示气愤。同时，原谅做错事的人，因为有时他也可能是迫不得已。

3. 既往不咎

如果你并非一开始就宽恕伤害自己的人，那么随着时间的推移，时过境迁，你可以不再计较自己所受的委屈，而原谅对方。这将表明你的人生态度是坚强的，心理状态是健康的。

4. 长期努力

宽恕别人需要你长时间的努力。因为，恨是一种习惯，不是轻易戒除得了的。习惯越是根深蒂固，要戒除它也就越要做出长时间的努力，但慢慢地总会水到渠成。

5. 爱的力量

大多数人认为，怨恨和报复不会抵消对方已做的错事，反而会使受害者和加害者双方相互间的报复逐步升级。只有宽恕才能打开和解的大门，只有性格坚强的人才能宽恕别人。宽恕别人要有勇气，也要有爱的精神。因为，爱才是藏在宽恕后面的真正动力。

想方设法认识“贵人”

总听人家抱怨，为啥某人的“贵人”比我多？为啥他能认识某个知名企业家而获得更多的机会？为什么他总能签到大单，结识更多的大人物而获得快速晋升？其实殊不知，生命中的“贵人”到处都是，很多情况下都是我们不善于主动寻找或是自己放弃。

从本质意义上讲，“贵人”其实就是能帮助你不断成长的人。比如一位好的主管，他会给你成长锻炼的机会，提高你的眼界，更新你的人生态度，激发你自我突破的潜能。而如果你本身状态已经很好了，只是有一些外在条件阻碍了你的发展，比如资金匮乏、环境一时对你的发展不利等，这时“贵人”会是一个能帮你排除外在阻碍，给你机会发光发热的人。

在寻找“贵人”的过程中，尽管你可能是个小人物，时常是拿自己的热脸贴人家的冷屁股。但这很正常，因为交陌生朋友是要突破底线的，更何况你与“贵人”本身就是明显的“门不当户不对”。因此有了机会结交他们时，不要抱怨人家不理你，要想着凭什么他会愿意和我交朋友，我能给人家带来了什么回报。

我有一个同学，北大毕业，他清楚地知道自己要干什么，也深知结交贵人之道。给某老总写了几封信，剖析了某品牌在东南亚市场的发展利弊，明确自己能够给某企业带去什么。结果某老总回复：ok，这个人我要了。

在企业工作过的人都应知道，每天有很多人给老总写信，但能突破防线的凤毛麟角。可以说有想法的很多，实际做的也不少，真正能做成的少之又少。关键的关键还是一点，你能给对方提供什么价值。而且，甭指望一次就如愿以偿，要做好持久战的准备，就如同买彩票，多次购买肯定中奖的机会要比买一次要多。

抱着付出的想法去结识他人，你的收获一定比别人多。

不过话说回来，都说要主动寻找“贵人”，“贵人”就像机遇一样，如果真有一天“贵人”降临，你能不能抓住还是个问题。所以说，除了人际关系的技巧外，更重要的还是要培养自己的内涵。贵人之所以愿意帮助你，提拔你，除了爱才惜才，更是看好你未来的发展。

也就是说，寻找贵人的最有效方法，是内外双修。对外，发掘人脉，经营交情；对内，加强自身修为，让你的成长性能为人所见。所以你自身能力越强，成功的可能性越大，被贵人赏识的概率就越高。

还要记住的是，贵人不见得仅仅是说你好话的人。那些爱挑剔、企图打击你锐气的人，有时却能让你学到最多，成长最快。转变心态，踏实工作，远离抱怨，将他们的直言，视为苦口良药，变压力为动力。只有这样，你的贵人圈子，才会比别人更大。

充满自信，赢得信任

大家在人际交往中常常会碰到这样的困惑：“他愿不愿意跟我打交道？”“我这个形象会不会受到别人的欢迎？”“这个人似乎不好相处。”“我真不想再跟他交往了。”当你在交往时碰到此类小烦恼而摇摆的时候，你就需要靠自信来“充充电”了，焦虑、徘徊、犹豫、恐惧、害羞，往往会成为交际的绊脚石。自信最重要，如果你在交际时“不由自主”或“六神无主”，那你的交际肯定会失败。交际中的自信可以展现一个人的精神风貌，体现一个人的人格风范。有了自信才能时刻保持充沛旺盛的精力，才能在交际中立于主动地位，主动出击，赢得别人对你的信任！

我有一个胖胖的女同学，她是那种自信又笑口常开的女人，在她身边，你不会觉得胖是不完美的，相反地，只会去注意她拥有的许多内在气质。她有许多才华，其中最令我难忘的，便是她的文采，她是把写作当作艺术的作家。

她的男友对她很忠诚，原因并不是她的外表，而是她的内涵已经弥补了她的外表。你一定想知道她男友帅不帅？告诉你，他是个超级大帅哥。

这个胖女人告诉别人说：“胖并不是我的致命伤，相反地，它是上天赐给我的礼物，它让每个在我身边的人，并不会因外表迷惑而和我在一起，所以，我身边的人，都是真诚的人。”

自信，就像一道美味佳肴，让你垂涎三尺，而且回味无穷。自信不是靠外表的吸引得来的，内在的气质、内在的品质、内在的修养才能真正焕发自信的光彩，真正交上朋友。

投资人情，你会收获超额回报

与人相处，很多人的目的很简单，就是利益最大化。而要维持长远的利益，就离不开人情的投资。当别人身处困境的时候，我们不妨主动身处援助之手，在他人需要帮助的时候，我们不妨尽力去帮助。

在很多人看来，这似乎是一种吃亏的行为，其实不然。只有懂得吃小亏的人，才能赢得良好的人际关系；广蓄人情，这样才会赢得别人的信赖和帮助，做事才会一帆风顺，才能把事业做大。吃点小亏不要紧，人情在了，以后肯定会有成倍的回报。主动付出，看似是明处吃亏，实则为暗中得福。广蓄人情，这是一种长期的投资，而这项投资，也必然会带来长远的利益。

我们都知道“红顶商人”胡雪岩，他本来是一家店铺的伙计，经过小打小闹，逐渐成为了江浙杭州一个小商人。尽管他只是一个小商人，但是，他善于经营，做人更是没得说，常常只是一些小恩惠就能把周围的人聚集起来，为他出力。小恩小惠看起来微不足道，但是，正是这种人情的投资，成为胡雪岩做一番大事业的重要资本。

胡雪岩自然不满足小打小闹，因为他一直想成就一番大事业。他想的很长远，在中国，重农抑商是每个朝代的惯例，如果单纯地靠经商，出人头地太难了。而大商人吕不韦独辟蹊径，从商场到官场，二十年，可谓名利双收，所以，胡雪岩坚定了自己走这条路子的信心。

当时的王有龄，不过是杭州一个非常不起眼的小官，有努力向上的志向，但是，他没有钱，在那个时候，没有钱就等于没有升职的敲门砖。当初，胡雪岩与王有龄只是略有交往。随着两个人交往的加深，他们发现两个人都有共同的目的，可以说是殊途同归。王有龄对胡雪岩说："雪岩兄，其实我也不是没有门路，只是囊中羞涩，想要升职没有钱是不行的。"胡雪岩坚定地说："我愿倾家荡产，助你一臂之力。"王有龄说："我富贵了，定然不会忘记胡兄的帮助。"

胡雪岩变卖了自己的部分家产，为王有龄准备了几千两银子。王有龄这才去京师求官，而胡雪岩则依然操其旧业，对别人的嘲笑一点也不放在心上。

几年之后，王有龄官至巡抚，亲自登门拜访胡雪岩，问胡雪岩有什么需要帮助的，胡雪岩说："祝贺你福星高照，我并无困难。"

但是，王有龄是个非常看重交情的人，当年胡雪岩的雪中送炭，他自然不会忘记。于是，利用职务之便，多方照顾胡雪岩的生意，胡雪岩的生意自然也是越做越好、越做越大。他也更加看重与王有龄的关系。

正是凭着这种广蓄人情的投资，让胡雪岩迅速发展壮大起来，可以说是吉星高照，后来被左宗棠举荐为二品大员，成为清朝历史上惟一的"红顶商人"。

从胡雪岩的故事中我们可以明白：人情是一门投资的学问。而这句话的绝妙之处只有聪明人才能看懂。一时的得失无关紧要，重要的是赢得了人情，平时广蓄人情，才有人愿意与你结交，才能建立广阔的人脉网，而人脉正是一个人做成大事的重要因素之一。

中国人做人做事讲究人情，你成了施者，他人就是受者，尽管从表面上来说，你吃亏了，他人得利了。然而，这也表示，在友情、情感的天平上，你有了非常重要的砝码，这是多少金钱都难买回来的。

一个懂得投资人情的人，在他人眼中是一个豁达、宽厚、值得信赖的人，而这种信任恰恰是世界上最宝贵的财富，如此，他人便会心甘情愿地帮助你，为你办事。可以毫不夸张地说，人情投资是花费最少，回报率最高的投资。

法则 6

用好人情：人脉要巧用，不要浪费

为人要诚实守信

诸葛亮高卧隆中，自比管乐，抱膝长吟，略无意于当世，他与刘备原是素昧平生，谈不上有什么私人友谊，刘备也知道诸葛亮是盖世奇才，一心想收为己用。他仗着自己是中山靖王之后、汉室的子孙，同时利用人心尚未忘汉的机会，亲自去拜访诸葛亮，“三顾茅庐”，才得相见，这种行径，十足表示他的诚挚，诸葛亮无意当世，原是找不到合意的主子，亲见刘备有重建汉室雄图，对他又万分诚挚，才认为他是合意的主子。便放弃高卧隆中的想法，以身相许，虽几经挫折，绝不灰心，到后来竟以“鞠躬尽瘁，死而后已”自矢。可见诚信动人之深。

古人给我们树立了很好的典范，有了诚信，才能广交真正意义上的朋友，朋友亦君子；有了诚信才能求得助自己一臂之力的贵人，扶持自己的事业走上正轨，可见，诚信的力量不是我们能简简单单衡量的。

中国从古至今都把信用看得相当重要，并且在长期的生活实践中，总结出了许多关于守信的名言佳句。如《论语》中有：“与朋友交，言而有信。”程颐说：“人无忠信，不可立于世。”还有“一言既出，驷马难追”，“一言九鼎，一诺千金”等，这些都是告诫人们要守信。

因此，一生不要有一次欺骗，免得对方对你的信任产生怀疑进而对你个人进行否定。“女也不爽，士贰其行，士也罔极，二三其德。”对配偶的不忠心，还会遭到怨恨，何况是素无交情的贤人，哪能不鄙夷你的为人呢！若发生例外那也只是你的力量太弱，还不足以打动对方的心罢了，这叫诚之未至。你应该增加你的诚，直到足以打动对方的心为止，任何事都要“反求诸己”，不必“求诸于人”，这是用诚信去感动他人的唯一方法。

爱耶伯劳曾说过：“信用仿佛是一条细线，一时断了，想要再接起来，难上加难。所以，你要使用信用这笔人生存款时，千万不要透支。当你的信用值为负数时，你可就变成一个穷光蛋了。”

平时一旦对别人有所承诺，就一定要恪守信用。这说起来简单，做起来却相当困难。只要稍有疏忽，就可能会失信于人。所以，要想做一个守信的人就不要轻易许诺。

在许诺之前应先对自己的能力做出正确的衡量。问问自己：“我真的能履行那些诺言吗？”如果不确定，那就不要拍着胸脯装硬汉。应该用“我尽力”，“我试试看”来回答。许诺是一件非常重要的事，答应别人就如同欠了别人的一样，因此，千万不要轻率地向别人许诺。

对于已经许诺的事，就应该认真付出，努力地去实现它。要知道，如果无法守信，即使理由很充分，别人也会对你产生不信任，这自然会损坏你的形象，影响你的事业。

如果你兑现不了你曾许诺的事，或遇到了严重的、不可预见的困难，一时无法做到承诺，就应该及时通知对方，这样可以避免不必要的误会。千万不要打肿脸充胖子，到最后丢掉了自己的信誉。你应当负起责任来，主动采取补救措施把损失降低到最小，只有这样才会把失信于人的不良影响降到最低点。

没有人愿意浑浑噩噩地度过一生，你要想树立一个完美形象，成就一番事业，那你就一定要注意，不论大事小事，都要讲信用，要不断为自己的人生银行存款，不要透支。

讲信用，才能成大事

杰克开了一个家具公司，因为资金周转不开，向一位好朋友借了 30 万美元，承诺一年内还清。一年过去了，杰克的公司由于效益不好，产品积压，一时拿不出足够的钱还朋友。杰克想尽了各种办法凑足了 20 万，可是剩下的 10 万怎么也弄不到了。最后，杰克一咬牙，把自己价值 20 万的房子以低价出售，然后全家租房子住。

不久，朋友打电话给杰克，说周末想到他家聚聚，可是一向好客的杰克竟然一口回绝了。朋友感到很纳闷，到底是为什么呢？于是，周末开车去找杰克，可是房子已经换了新主人。后来，经过多方打听，才找到了杰克的新家，朋友一下子惊呆了。当得知这一切都是为了还自己的钱时，他感动不已，并诚恳地说："杰克，你这么讲信用，以后有什么困难尽管找我。"

这件事很快被朋友传开了，杰克在朋友圈里以诚信出了名。

又过了两年，因为一次意外事故，杰克的生意又陷入了危机。就在他快支撑不下去的时候，很多朋友都主动伸出了援助之手，帮他借贷，给他借钱。在朋友们的帮助下，杰克很快度过了危机，生意越做越好。

一诺千金，讲的是许下的诺言一定要兑现。遵守诺言是中华民族的传统美德，也是一个人的高尚情操。在人与人的交往中，人们通常会把信用、信义看得非常重要。孔子曾说："人而无信，不知其可也。"意思是，一个人不讲信用，就不知道他还能做什么。换句话说，一个人不讲信用，就不会有什么成就。

王浩存了一笔钱要等到结婚的时候用，不料他的朋友张剑来向他借钱，并保证一定在他结婚之前归还。由于平时交往密切，关系一直不错，王浩便痛快地借给了他。可是，婚期就要到了，张剑还没有还钱。无奈之下，王浩只得上门催还，最后弄得不欢而散。从此，王浩和张剑不再往来，友谊也结束了。后来，很多朋友知道张剑借钱不还之后，也不和他来往了。

对朋友的承诺，一定要履行，否则只会在朋友圈中丧失信任，使本来的好朋友都离你而去。在与人交往中，要切记认真履行每次承诺，绝不可疏忽大意，因小失大。人与人之间如果不能做到彼此信任，那就不能成为互助互利的朋友。一个人如果不断地说话不算话，就会使每个朋友逐渐地离他而去，并且在他需要帮助的时候再也没人伸出援助之手。

讲信用，守信义，是为人处世的根本。它既体现了对人的尊敬，也表现了对自己的尊重。重信诺的人总会赢得人心。

信用是赢得他人信任的基础。在与人交往中，只有说到做到，才能不断提高自己的信用度。如果你言而无信，只能失去信任，断送友谊。信守承诺是一种美德，会吸引周围的人跟随你，对你产生信任。因此，大家若要不断充实自己的人脉资源，就要说到做到。一个不守信用的人，永远也交不到真正的朋友。谁会愿意和一个说话不算话、出尔反尔的人一起相处呢？

兼顾利益关系，实现双赢

一位农民从外地买回了一种高产小麦的种子，种植后产量大增。这时，农民喜出望外，因为他成了当地人眼中的种田能手。但是，他马上又忧心忡忡起来，害怕别人偷取他的小麦种子，而失去别人的赞美之词。于是，他想方设法保密，拒绝其他人兑换小麦种子的请求。一个人享受着丰收带来的喜悦。

然而，好景不长。到了第二年，他发现他的小麦产量降低了，变得跟普通小麦的种子一样。又过了两年，他的小麦种子连普通小麦种子都不如了。产量不仅降低了，而且病虫害十分严重，使他损失很大。

他开始以为别人嫉妒他，在他的麦田里捣鬼。后来，经过专家解释，他才明白是因为在他的麦田周围都是普通的小麦。通过花粉的传播，良种发生了变异，品质必然下降。农民明白了，就又买来高产小麦的种子分给其他村民。第二年，整个村子都获得了大丰收。

随着社会的发展和人类的进步，人们的思维能力、思维方式发生了很大变化。在经济领域，人们不再固守成王败寇这一传统思维模式，而是慢慢地寻找一种“互惠互利”的合作模式，也就是通常所说的“双赢”。

在创业的过程中，很多企业家都会犯同样的错误，因为害怕别人分享自己的成果，处处提防保守，以致陷于孤立的境地，最后只能眼睁睁地看着自己的成果被市场淘汰，甚至蒙受巨大的损失。

微软公司采取双赢的策略对待对手。它认为许可更多的厂商使用自己的 Windows 操作系统，自己的业务就会更好。比如，微软公司主要是研究计算机软件，英特尔公司的技术是计算机芯片。微软公司没有把英特尔公司看作对手，而视之为合作伙伴，与之分享成功。结果实现了双赢，英特尔公司发展速度越快，微软公司的计算机软件就越有用；同样，微软公司的计算机软件开发得越好，越先进，英特尔公司的计算机芯片越有用武之地。懂得共赢，才能得到别人的认可和尊重，也才能让自己的事业走向成功。

双赢思维，要求双方互惠互利，前提是成功不能以损害他人利益为代价。要计较的不是个人利益，而是双方都更好。

钟军是一家计算机软件公司的总裁。他把新开发的一套计算机软件卖给了一家银行。但是，一个月后，那家银行换了行长。新行长说："我手上有很多事情要处理，对这个新软件也有一点疑惑。这个合同我们无法继续履行。"

钟军很需要这笔生意，因为它关系到公司的生存问题。他知道，如果打官司，银行是会输的，但这不是双赢的局面。于是，他同意退还定金，告诉新行长："如果你们将来需要其他计算机软件，可以来找我。"

半年后，那位新行长打电话对钟军说："我们需要数据库处理系统。"就这样，新行长和钟军签下了价值 20 万元的新合同。

懂得双赢思维的人是有远见的。在现实社会中，只要学会双赢，就能得到更多的人脉。知道给对方让利的人，自然会获得更大的成功。

双赢强调的是双方的利益兼顾，所谓的"赢者不全赢，输者不全输"。双赢思维是一种基于互相尊重、寻求互惠的意愿。很多时候，只有互惠才能使其成功。

不要轻易透支人情

人情是一种财富，而人际关系最基本的目的和技巧就是结交人情。人情像银行存款一样，存入越多，你取出来的也就越多；存入越少，你取出来的也就越少。

世界上最珍贵的莫过于，能够使你得到保护的情谊和朋友。因此，要善用这些人情资源，不要透支它。

小周在一家杂志社工作，新接手编了一份杂志。由于杂志的财源并不丰裕，不仅编写人手少，稿费也不高。小周不愿意因为稿费不高而降低杂志的水准。于是，小周开始运用人情向一些作者邀稿。这些作者和小周都有些交情。其中一位作者在写了数篇后，坦白地对他说："我是以朋友的立场写稿，但你这样做是在透支人情。"

依靠人情办事是有一定限度的，透支了会令人尴尬。同样，人情储蓄也不能即存即取。如果你急于在这笔人情债中得到回报，就犯了为人处世中的大忌。你就会在找这笔账中，既丢掉了人情，丢掉了面子，也丢掉了做人的本分和进退的分寸。在日常生活中，很多人都是这样，帮助了别人，就觉得有恩于人。于是，心里有一种优越感，高高在上。这种态度是很危险的，常常会引发负面的影响。帮助了别人，却没有增加自己的人情资源。这是因为骄傲的态度把这份资源抵消了。

人情一旦透支，你与朋友之间的感情就会转淡，甚至朋友会对你避之唯恐不及，并且有可能情分就此断绝。

另外，就算对方欠你一些人情，你也不可抱着讨人情的心态去要求对方帮忙。因为，这有可能引起对方的不快和反感。

如果你动辄就求人帮忙，那么随着时间的推移，你就会慢慢变成一个不受欢迎的人。当然，也有主动帮你忙的人，但切勿认为这是天上掉的馅饼。你若不适度地回馈，也是一种透支，而透支是需要付出代价的。

法则 7

以和为贵：与人为善，人际更融洽

以和为贵，退一步海阔天空

“以和为贵”的思想随着中华文明，流淌了几千年。事事以和为贵，会少许多干戈，会少许多烦恼。战国时的蔺相如完璧归赵后又与赵王渑池赴会，因功高，赵王封蔺相如为丞相。居功自傲的廉颇怒满胸膛，定要与蔺相如分个弱强。屡次故意挑衅，蔺相如始终忍让。非是相如无胆量，怕的是手足相残于国有伤。后廉颇终于醒悟，负荆请罪。将相和好，共同辅国，国家无恙。

我们生活中所说的“和”，应该是讲团结、讲谅解、讲安定。生活中需要和睦的人际关系，需要和谐的社会环境。人们需要在和颜悦色中交往，在和蔼可亲中相处。人与人之间相处的好与坏，对自己的学习、工作、生活以及思想情感、行为方式都有很大的影响。

生活中许多事情的争吵，细想起来很没有必要。民间一直流行这样一句顺口溜：“人生本是一台戏，因为有缘才相聚。为了小事发脾气，回头想想又何必？”仔细想想，确实是这么一回事。人与人之间没有什么大怨，只是些鸡毛蒜皮的小事，为什么争吵不休呢？万事以和为贵，做人应该有一颗仁和之心、谦和之德、温和之气、慈和之容。人与人之间，彼此少一些盛气凌人，多一些态度温和，凡事换位思考，就会少许多不必要的争吵和不开心。用退一步海阔天空的做法，来换取一份好的心情，何乐而不为？

当然，每个人都有自己的个性、爱好、追求和生活方式，依各自的教养、文化水平、生活经历等区别，不可能亦不必要求每个人都处处与他所处的群体合拍。但是，评论者懂得，任何一项事业的成功，都不可能仅靠一个人的力量，谁也不愿意成为群体中的破坏因素，被别人嫌弃而“孤军作战”，这就是共同点。一个有修养的、集体感强的人，能够利用这一共同点，以自己的情绪、语言、得体的行止和善意的态度去感染、吸引或帮助别人，使周围的关系更和气、更融洽。

人在社会上或在工作中表现出的人与人的关系是一种相互依存的关系，不仅所肩负的事业存在共性，而且也有很多工作必须依靠合作才能完成。否则，互相拆台，暗中作梗，明处捣乱，想把一件事情做好是不大可能的。而让周围的人都能捧场和合作，自然需要气氛上的和谐一致。倘若情感上互不相容，气氛上别扭紧张，就不可能协调一致地工作。

少说批评的话，多说尊重的话

与周围的人保持和气与友爱，最大的原则是不要批评，尽量少批评或委婉批评。

美国奥克拉荷马州恩尼德市的江士顿，是一家工程公司的安全协调员。他的职责之一是监督在工地工作的员工戴上安全帽。他说他一碰到没有戴安全帽的人，就官腔官调地告诉他们，要他们必须遵守公司的规定。员工虽然接受了他的纠正，却满肚子的不高兴，而常常在他离开以后，又把安全帽拿了下来。

他决定采取另一种方式。下一次他发现有人不戴安全帽的时候，他就问他们是不是安全帽戴起来不舒服，或者有什么不适合的地方。然后他以令人愉快的声调提醒他们，戴安全帽的目的是在保护他们不受到伤害，建议他们工作的时候一定要戴安全帽。结果是遵守规定戴安全帽的人愈来愈多，而且不会造成愤恨或情绪上的不满。

同样一件事情，由于采取了平等和气的方式，收到的效果大不一样。

众所周知，林肯是世界上最伟大的成功者之一，但一般人有所不知，他后来的成功很大一部分在于他深切地汲取了恣意批评别人和得罪别人的教训。那时，他还很年轻，在印第安纳州的鸽溪谷，他不仅批评别人，还写信作诗揶揄别人，把那些信件丢在路上，让人发现。其中有一封信所引起的反感，持续了一辈子。

林肯在伊州春田镇执行律师业务的时候，甚至投书给报社，公开攻击他的对手。1842 年秋天，他取笑了一位自负而好斗的名叫詹姆斯·史尔兹的爱尔兰人。林肯在《春田时报》刊登出了一封未署名的信，讥讽他一番，令镇上的人都捧腹大笑起来。史尔兹是个敏感而骄傲的人，气得怒火中烧。他查出写那封信的人是谁，跳上马去找林肯，跟他提出决斗。林肯不想跟他决斗。他反对决斗，但是为了颜面又不得不决斗。对方给他选择武器的自由。因为他的双臂很长，他就选择骑兵的长剑，并跟一名西点军校的毕业生学习舞剑。决斗的那一天，他和史尔兹在密西西比河的沙滩碰头，准备决斗至死为止；幸亏，在最后的一分钟，他们的助手阻止了这场决斗。

在做人的艺术方面，他学到了无价的一课。他从此再没有写过一封侮辱人的信件，不再取笑任何人了。从那时候起，他几乎没有为任何事批评过任何人。

南北战争的时候，一次又一次，林肯任命新的将军统御波多麦之军，而这些将军——麦克里蓝、波普、伯恩基、胡克尔、格兰特……相继惨败，使得林肯只能失望地踱步。全国有一半的人，都在痛骂那些差劲的将军们，但林肯因为“不对别人批评，只对大家祝福”，一声也不吭。他喜欢引用的句子之一是“不要评议别人，别人才不会评议你”。

当林肯太太和其他人对南方人士有所非议的时候，林肯回答说：“不要批评他们；如果我们在同样情况之下，也会跟他们一样。”

把自己的肩头尽量跟别人摆齐，不故作姿态，不自以为是，不站在别人的肩头评头论足，说三道四和指手画脚，始终保持与对方平等的姿态说话和办事，才不至于伤及别人的面子和自尊心，才有可能与别人保持友好关系，赢得好人脉，才有助于做好自己的工作和事业。

做个“和事佬”，与人和平相处

学会做和事佬，在家庭生活中的作风十分明显。婆媳不和，自古就有，现代社会仍然存在，男人处在母亲和妻子的中间，尴尬已久。不管婆婆和媳妇是如何贤淑之人，相处时间长了，难免会出现一些矛盾，俗话说：“清官难断家务事”，那种“公说公有理，婆说婆有理”的事经常会发生，作为妻子的丈夫、母亲的儿子，两边都是亲人，无论谁错，你都要站在中间立场，不能一边倒！你一定要注意策略，做个“和事佬”，使双方都能下台阶。事后这边埋怨两句，那边批评几句，然后互相认个错，使她们重归于好。

理解、宽容是保证和谐融洽的“和事佬”。无论怎样力求完善，人身上都有着令人遗憾的弱点，甚至令人厌恶的毛病。明代一位学者有一句话：人有不及者，不可以己能病之。即看到别人不及自己的地方，不能以己之长而鄙视人家或诋毁别人。我们应该知道，每个人的个性、习惯、工作方法、态度都可能不同，于你不合也许于别人合。因此你的正确态度应该是：理解、和善。你应求大同存小异，不必苛求对方，和气待人是以理解为基础的。以客观的态度给人以评价，会使我们从别人身上看到自己所没有的优秀之处，还使我们对人的缺点错误抱一种善意的态度。做到和气，才会赢得好人缘。

与身边的每一个人保持和气，便不会轻易被人无端妒忌和挑刺儿，而且更重要的是，一旦有了一点成绩，便更容易被人承认和赞赏。现实生活中，确实有很多人是靠这些未被周围人恶意埋没的一个个小成绩而取得了进步的。因为在事业上刚起步时取得进步，从而幸运地超过了其他同时起步的人，所以，也就捷足先登，踏上了更有利于发展自己的康庄大道。很显然，与人保持和气，也是一个人走向成功和获取幸福的秘诀。

当然，做个“和事佬”并不是没有任何原则，什么事都去和稀泥。为了赢得人脉，有些情况下要巧做“和事佬”，有些事是不能去做“和事佬”的，需要分清楚，区别对待。

一般来说，不能滥用“和稀泥”，但对鸡毛蒜皮的小事，作为第三者，就应该懂得“和事佬”的技巧。“和稀泥”有三种技巧：

技巧一：巧借理由支开一方。如果双方火气正盛，大有剑拔弩张之势，这里第三者即可采取果断形式，借口有什么急事，或有电话把其中一人支开，让双方不要正面接触。等他们消了火气，头脑平静下来了，争端也就容易解决了。

技巧二：真作假时假亦真。有的时候太当真了，反而惹是生非，碰到这种情况，第三者就可灵活一点，以假掩真，然后顺水推舟，变紧张的场合为活跃、融洽的场面。

技巧三：为朋友卖个面子。第三者可以拿双方过去的情分来打动他们，使他们主动“撤退”。或者以自己与他们每个人之间的情谊作筹码，说：“你们都是我的好朋友，你们闹僵了，让我很为难，就看在我的面子上，握手言和吧。”一般说来，双方都会领第三者的情，握手言和。

中国著名老诗人严阵和一位青年女作家访问美国，在一所博物馆广场上散步时，巧遇有两位美国老人在旁边休息，看见中国人来了，他们很友善地迎上来交谈。其中一位老人为表达对中国人的热情，热烈地拥抱那位女作家，并亲吻了她。女作家十分难堪，不知所措，另一位老人也抱怨那老人说：“中国人没有这个习惯的。”那位拥抱过女作家的美国老人，像犯了错误似的呆立一旁，严老诗人赶忙上前微笑着说：“呵，尊敬的老先生，你刚才吻的不是这位女士，而是中国，对吧？”那老人马上笑道：“对，对！我吻的既是这位女士，也是中国！”尴尬的气氛在笑声中消失。

如何让自己心平气和地与人相处呢？

1. 轻声细语

它可以表现说话者的尊敬、谦恭、谨慎和文雅。在和别人交谈时，使用这种轻声细语可以缩短人与人之间的感情距离、密切双方的关系。有时，它还能避免一些可能会招致的麻烦。当然，用它来坚持意见、回驳别人、维护正义和尊严或表示强调是万万不能的。

2. 慢条斯理

这种语调宛如柔和的月光、涓涓的泉水，由人心底流出，轻松自然、和蔼亲切、不紧不慢，能给听者以舒适、安逸、柔和、亲密、友好、温馨的感觉。人们在请求、询问、安慰、陈述意见时常使用这种慢条斯理法，它可以弘扬男性的文雅大度和女性的阴柔之美，尤其是在抒发情感时，这种声和气的运用更具有一种迷人的魅力。

和气是生活中最好的“防具”

什么是人际交往中最好的防身武器？我认为，是和气。

和气是一种风度，是一种情怀；和气是一种溶剂，一种相互理解的润滑油；和气像一把伞，它会帮助你在雨季里行路。人要在适当的时候与人生和解，但并不代表着丢弃原则，不热爱生活。

与自己和气是为了更轻松快乐地生活，人在一生中都会遇到不顺心的事，会碰到不顺眼的人，如果你不学会和解，就会活得痛苦，活得累。原谅自己不能成就伟业、不能出人头地，原谅自己不能才华横溢，原谅自己没有成为富翁。原谅自己，别紧紧抓住自己的弱点、缺点、过失不放。太苛求自己，只会使自己丧失自信和勇气，放弃了希望与上进心，要放下包袱，给自己解压，跟自己和解，相信以后的人生还有机会。

与别人和气能增进友谊快乐自己。人和人之间难免有碰撞有摩擦有矛盾，或许对方根本就是无意，或许对方有难言之隐，退一步天地宽，不妨试着淡然一笑，给别人一次机会，也给自己一次机会，也许会有意想不到的收获。与别人和气需要有自我牺牲的精神，具有宽阔的胸怀，吃亏并不代表软弱可欺，因为和气远远比报复好！冤冤相报何时了，仇恨不只会造成人与人的敌对，还会加重生活的不安与忧虑，既不利人也不利己。

人与人之间没有什么事不能和解，人和人之间也没有什么事不能说开，人生不短也不长，何必把时间浪费在无谓的争吵中？其实和气是非常简单的，它是僵持后你主动说的一句话，是你错之后送他的一枝黄玫瑰，是一个友好的微笑，是一个小礼物……只要你们真的有友谊存在，和气就这样达成了。

一团怒火因一个道歉而烟消云散；

一场争斗由于一句和气的话而偃旗息鼓；

从这个意义上说，“和气”是每个人的保护神。

当然，要做到“和气”，要想拥有这种攻之不破的防身武器，首先要做到宽容，要对社会对人生有信心。走路被人踩了说声“没关系”，原谅别人；汽车被人碰了不上火“反正有保险公司理赔”，就是发生天大的事情还有国家法律管着呢。

要做到“和气”还要善于道歉。影响了他人说声“对不起”；伤到了人家赶忙陪去医院看看；要敢于对自己的行为承担责任。

要做到“和气”必须学会“忍”。遇到生气时做做深呼吸，想想好的方面。常言道：“忍一时风平浪静，退一步海阔天空”，千万不要跟自己的健康和生命过不去。

要做到“和气”嘴巴还要“甜”。俗话说：“温语一句三冬暖，恶语伤人六月寒”，要让人记住你一辈子你就说一句赞美他的话；要让人恨你一辈子你就骂他一句过头的话。

要记住美好的语言永远是人类团结和睦的使者，千万不要吝啬将美好的语言送给别人。

最后一条，要做到和气，就不能常常无故生气。哲学家康德说：“生气，是拿别人的错误惩罚自己。”绅士般的康德大概是不会有狂风骤雨的，心情永远是天朗气清。别人犯错了，我们为此雷霆万钧，那犯错的应该是我们了。

现代的戴尔·卡耐基不主张以牙还牙，他说：“要真正憎恶别人的简单方法只有一个，即发挥对方的长处。”憎恶对方，恨不得食肉剥皮敲骨吸髓，结果只能让自己焦头烂额，心力交瘁。那样的话，为何不化“生气”为“和气”呢？

宽容是一种美，可是，若没有“和气”，哪里会有“宽容”呢？深邃的天空容忍了雷电风雨的肆虐，才有风和日丽；辽阔的大海容纳了惊涛骇浪的一时猖獗，才有浩渺无垠；苍茫的森林忍耐了弱肉强食的规律，才有郁郁葱葱。和气之光的力量异常强大。

所以让我对你说：我的朋友，请以和气的态度待人，勇于自我剖析，不要做心胸狭窄的人。让微笑常驻你的脸上！

宽以待人，得饶人处且饶人

在日常生活中，对那些非原则性的问题，我们千万不要斤斤计较，得饶人处且饶人，有理也要让三分。一个善于容纳他人缺点的人，是更易受到他人欢迎的。当一件事情发生时，只要你能设身处地站在他人的角度去考虑问题，就很容易理解别人了，记得有这样一句话：看起来天大的矛盾，其实只是一地鸡毛，只要互换一个立场，则一切矛盾全消。实际上真是这样的。

有些年轻人血气方刚，有时会为一些鸡毛蒜皮的小事争得面红耳赤，谁都不甘示弱，以致大打出手，事后静下心来想想，当时若能忍让三分，自会风平浪静，大事化小、小事化了，最终言归于好。事实上，有理的人表现得越谦让，越能显示出他胸襟坦荡、富有修养，反而更能得到他人的钦佩。

汉朝时有一位叫刘宽的人，为人宽厚仁慈。他在南阳当太守时，小吏、老百姓做了错事，为了以示惩戒，他只是让差役用蒲草鞭责打，使之不再重犯，此举深得民心。刘宽的夫人为了试探他是否像人们所说的那样仁厚，就让婢女在他和属下集体办公的时候捧出肉汤，故作不小心把肉汤洒在他的官服上。要是一般的人，必定会把婢女责打一顿，至少也要怒斥一番，但是刘宽不仅没发脾气，反而问婢女："肉羹有没有烫着你的手？"由此足见刘宽为人宽容之肚量确实超乎一般人。

还有一次，有人错认了刘宽家驾车的牛，硬说牛是他的。刘宽什么也没说，叫车夫把牛解下给那人，自己步行回家。后来，那人找到自己的牛便把牛送还刘宽，并向他赔礼道歉。刘宽反而安慰那人。

这就是有理让三分的做法，刘宽的肚量可谓不小。他感化了人心，也赢得了人心。

人人都有自尊心和好胜心，在生活中，对一些非原则性的问题，我们为什么不能主动显示出自己比他人更有容人之雅量呢？

大部分人一旦身陷于争斗的旋涡，便不由自主地焦躁起来，有时为了自己的利益，甚至是为了面子，也要强词夺理，一争高下。一旦自己得了“理”，便决不饶人，非逼得对方鸣金收兵或自认倒霉不可。然而这次“得理不饶人”虽然让你吹着胜利的号角，但也成了下次争斗的前奏。因为这对“战败”的对方也是一种面子和利益之争，他当然要伺机“讨”还。在这种时候，我们为什么就不能像刘宽那样，即使自己有理，也应让别人三分呢？其实，有些时候给他人让出了台阶，也是为自己留下一条后路。

宽以待人，要有主动“让道”精神，宽容让人。在与他人交往中常常会因为对信息的意义理解不一，个性、脾气、爱好、要求的不统一，价值观念的差异就会产生矛盾或冲突，此时我们应记住这样一句话：航行中有一条公认的规则，操纵灵敏的船应该给不太灵敏的船让道。我认为，这在人与人的关系中也是应遵循的一条规律。

因此，做一个能理解、容纳他人优点和缺点的人，才会受到他人的欢迎，相反，那些只知道对人吹毛求疵，又没完没了地批评说教的人，怎么会拥有亲密的朋友呢？人们对他只有敬而远之！

宽以待人，要将心比心，推己及人。推己及人，是以自己为标尺，衡量自己的行为举止能否为人所接受，其依据是人同此心，心同此理，将心比心，从而理解他人，体谅他人，懂得了这点，当别人理短时就会大度地宽容他人，他人才会在自己理短时容让你，以此建立相互宽容的人脉关系网。

“难得糊涂”是“糊涂学”集大成者郑板桥先生的至理名言，他将此体系晋升为：“聪明难，糊涂亦难，由聪明转入糊涂更难。放一着，退一步，当下心安，非图后来福报也。”做人过于精明，无非想沾点小便宜；遇事装糊涂，也就吃点小亏。但“吃亏是福不是祸”，往往有出人意料的收获，“饶人不是痴，过后得便宜”，歪打正着，“吃小亏占大便宜”。有些人只想处处占便宜，不肯吃一点亏，总是把小事当作大事处理，到后来是“机关算尽太聪明，反误了卿卿性命”。

批评、忠告最好使用模棱两可的语言，多用一些“好像可能”“看来”“大概”之类的词语，显得留有空间，语气委婉一些。

当学生在课堂上回答不出问题时，老师不宜训斥学生：“你怎么搞的？昨天你肯定没有复习！”而应当模糊地说：“看来，你好像没有认真复习，是不是？还是因为有点害怕不知该怎么说呢？”且最好还应把批评对方的缺点、过错变成提出希望和目标，上面的话最好说成：“希望你及时复习，抓住问题的要领，争取下回做出圆满的回答好吗？”

当你约人见面时，为了表示尊重对方、显得亲和，也要用模糊语言。比如说：“明天上午我在家，你有空就来吧！”或是说：“请您明天上午来，我在家等候您。”如果你说得很明确：“请你明天上午 9 点准时到我家里来。”会让人觉得有点强迫的感觉。若是约请上级、长辈和异性到家里来，这样说话就更显得没有礼貌、不客气了。

由此可见，若能巧用模糊语言，将有助于经营你的朋友圈，改善你的人际关系。

保持平和的心态，不要太较真

在现代社会，各种压力接踵而至，竞争加剧，人际关系复杂，个人在社会化的影响下更显得弱小无力，许多人都在感慨：活得真累啊！毫无疑问，如何做人是一门精深的学问，细细想一想，保持平和的心态，凡事不要太较真，也不啻为一条立身处世之道。

南怀瑾先生所谓“有些地方马虎一点”，实际上是说，处世不要过于较真。过于较真的人往往也过于固执、做事太死板，容易走进“死胡同”。因此，人不要一条道路走到黑，一个死理认到底。天下没有过不去的河，也没有解决不了的问题，关键是要懂得“转弯”。

做人固然不能玩世不恭，游戏人生，但也不能太较真，认死理。太认真了，就会对什么都看不惯，连一个朋友都容不下，把自己同社会隔绝开。镜子很平，但在高倍放大镜下，就成了凹凸不平的山峦；肉眼看很干净的东西，拿到显微镜下，满目都是细菌。试想，如果我们“戴”着放大镜、显微镜生活，恐怕连饭都不敢吃了。再用放大镜去看别人的毛病，恐怕许多人都会被看成罪不可恕、无可救药的了。

古语说：“水至清则无鱼，人至察则无徒。”太较真就会对什么都看不惯，对什么都容不下，就会把自己同社会隔绝开。

但是，如果要求一个人真正做到不较真、能容人，也不是简单的事，首先需要有良好的修养、善解人意的思维方法，并且需要经常从对方的角度设身处地地考虑和处理问题，多一些体谅和理解，就会多一些宽容，多一些和气，多一些友谊。

有位同事总抱怨他们家附近小店卖酱油的售货员态度不好，像谁欠了她巨款似的。后来同事的妻子打听到了女售货员的身世，她丈夫有外遇离了婚，老母瘫痪在床，上小学的女儿患哮喘病，每月只能开四五百元工资，一家人住在一间15平方米的平房。难怪她一天到晚愁眉不展。这位同事从此再不计较她的态度了，甚至还建议大家都帮她一把，为她做些力所能及的事。

在公共场所遇到不顺心的事，实在不值得生气。有时素不相识的人冒犯你，其中肯定是另有原因，不知哪些烦心事使他此时情绪恶劣，行为失控，正巧让你赶上了，只要不是恶语伤人、侮辱人格，我们就应宽大为怀，不以为意，以柔克刚，晓之以理。总之，没有必要与这位原本与你无仇无怨的人瞪着眼睛较劲，假如较起真来，大动肝火，枪对枪、刀对刀地干起来，再酿出个什么严重后果来，那就太划不来了。与萍水相逢的陌路人较真，实在不是聪明人做的事，假如对方没有文化，与其较真就等于把自己降低到对方的水平，很没面子。另外，从某种意义上说，对方的触犯是发泄和转嫁他心中的痛苦，虽说我们没有义务分摊他的痛苦，但确实可以用你的宽容去帮助他，使你无形之中做了件善事。这样一想，也就会容忍他了。

清官难断家务事，在家里更不要较真，否则你就愚不可及。老婆孩子之间哪有什么原则、立场的大是大非问题，都是一家人，何以要用“异己分子”的眼光看问题，分出个对和错来，又有什么意思呢？人们在单位、在社会上充当着各种各样的角色，一回到家里，脱去西装革履，也就是脱掉了你所扮演的这一角色的“行头”，即社会对这一角色的规范和要求，还原了你的本来面目，使你可以轻松愉悦地享受天伦之乐。假若你在家里还跟在社会上一样认真、一样循规蹈矩，每说一句话、做一件事还要考虑对错、妥否，顾忌影响、后果，掂量再三，那不仅可笑，也太累了。我们的头脑一定要清楚，在家里你就是丈夫，就是妻子、是母亲。所以，处理家庭琐事要采取安抚为主，不妨和和稀泥，当个笑口常开的和事佬。具体说来，做丈夫的要宽厚，在钱物方面睁一只眼，闭一只眼，越马马虎虎越得人心，妻子对娘家偏点心，是人之常情，你根本就别往心里去计较。妻子对丈夫的懒惰等种种难以容忍的毛病，也应采取宽容的态度，切忌唠叨起来没完。

有位智者说，如果大街上有人骂他，他连头都不会回，因为他根本不想知道骂他的人是谁。因为人生如此短暂和宝贵，要做的事情太多，何必为这种令人不愉快的事情浪费时间呢？这位先生的确修炼得颇有城府了，知道该干什么和不该干什么；知道什么事情应该认真，什么事情可以不屑一顾。要真正做到这一点是很不容易的，需要经过长期的磨炼。如果我们明确了哪些事情可以认真，哪些事情可以敷衍了事，我们就能腾出更多的时间和精力，全力以赴认真地去做该做的事，这样我们成功的机会和希望就会大大增加；与此同时，我们的人脉就会更加健康顺畅，事业亦伴随他人的帮衬与扶持稳步走向成功。

当然，不较真儿也不是一味地姑息迁就，丧失原则。而是要巧妙转换，注意方法，讲究策略，以柔克刚，在不经意间抓住有利时机达到双赢。

法则 8

以变为要：懂得变通，人脉更开阔

处世之道，切勿太过较真

做人不能太较真，要懂得变通。社会上确实有许多不良现象需要改进，但那也不是一个人或一朝一夕就能改变的。我们不妨变通一下思维，先用婉转的方法去逐步改变现实，才能多做出些成绩和贡献。

古今中外，凡能成大事的人都具有一种优秀的品质，就是能容人所不能容，忍人所不能忍，善于求大同存小异，团结大多数人。他们有胸怀，有魄力，豁达而不拘小节，做事从大处着眼。他们从不斤斤计较、纠缠于非原则的琐事，这使他们能够腾出更多的时间和精力，全力以赴地去做他们认为该做的事。因此，他们能成大事，立大业，使自己成为不平凡的人。

古语有云："水至清则无鱼，人至察则无徒。"一个人宽宏大量，人们才会乐于同他交往，他的朋友才会越来越多，社交的成功会伴随着事业的成功。人生如此短暂和宝贵，要做的事情太多，没有必要为那些鸡毛蒜皮的事情浪费时间。

北宋时，郭进任山西巡检，有个军校进京去控告他。宋太祖召见了那个军校，审讯一番，却发现军校在诬告郭进，就把他押送回山西，并交给郭进处置。

很多人劝郭进杀了那个军校，郭进却没有那样做。当时，正值敌国入侵，郭进就对诬告自己的那个军校说："你敢进京面见圣上去诬告我，说明你确实有点胆量。现在我既往不咎，赦免你的罪过。同时，如果你能奋勇杀敌的话，那么我还会向圣上保举你。"

那个诬告郭进的军校深受感动，果然在战斗中奋不顾身、英勇杀敌。战争结束后，郭进将军校的战绩毫无隐瞒地汇报上去，并向朝廷举荐了那个军校。

静下心来仔细想想，正所谓“人非圣贤，孰能无过？”与人相处就要互相谅解，彼此忍耐，经常以“难得糊涂”自勉，求大同存小异，有度量，能容人。只有这样，你才能左右逢源，诸事遂愿，并且有许多的朋友围在自己的身边。

然而，较真的人就是不能明白这个道理，他们斤斤计较，认死理，过分挑剔，容不得别人一丝一毫的错误。长此以往，周围的人都躲得远远的，自己也成了使人避之唯恐不及的异类。

装装糊涂，讲点艺术

古代有一个国王很爱漂亮，但他自己却身有两残，缺一目外加跛一腿。有一次，他心血来潮，要让画师给自己画像。

第一位画师是个老实人，他规规矩矩地画出了国王的本来面目——又瞎又瘸。国王看后不禁怒从心头起，呵斥道："这个可恶的画师竟敢把我画得如此丑陋，真是该杀。"于是，这位本分的画师被杀了。

国王不甘心，又找了一个画师来画像，这个画师知道了前面那个同行的悲惨结局，再也不敢照实描绘国王的缺陷了。他在画布上画了一个双眼明亮两腿矫健的国王，心想这下国王该满意了吧，结果国王又一次大发雷霆："这难道还是我吗？"这个画师也没逃出被杀的命运。

这下，国王的画师们谁都不敢再给国王画像了，没想到有个小画工自告奋勇地说自己能画好，大家都替他捏一把汗。最后，国王的肖像终于完成了。这回国王看着肖像笑了，夸小画工真是个聪明的人。

小画工是怎样画的呢？他既没有像第一个画师那样把国王的缺陷完全表现在画布上，也没有像第二个画师那样不顾实际妄画。他画的国王是这样的，侧身骑在马上，残疾的那条腿隐在马鞍的后面，双手举着猎枪，眯着一只眼在瞄准，而这只眼正是那只瞎眼。画面上是一个英姿勃发骑马打猎的国王，看不出任何缺陷，可谁也不能说他像第二位画师那样改变了国王的本来面目。

明明知道的事情却故意装着不知道，就是心里明白而表面糊涂。人人都有身处险境的时候，明知故问常常是明哲保身或达到目的的重要变通手段。

置身不确定的情境，往往让人焦虑、犹豫，不知如何是好，尤其是遇到涉及自身利益的事情，更是令人坐立难安。可是，偏偏人生的历程当中，又会碰到许多不确定的情境。

每个人都有缺陷，为了他人的脸面，我们有时候需要“糊涂”一点。这种对他人缺点的“糊涂”，实际上是一种难得的糊涂。因此，有时候“糊涂”是日常生活中不可缺少的一个音符，也是处世大棋盘上的马和炮，是时刻都用得上的常规武器。

这里所说的“糊涂”，不是指做事不负责或待人不诚恳，只做表面上的应付，敷衍了事，而是指在待人接物时，装装糊涂，讲点艺术。

我们遇到被人敷衍应付时，大可不必愤愤不平，横眉立目，因为应付与被应付都是正常的生活现象。这种敷衍应付，不仅是难免的，还是必需的。比如，你在上班的路上遇到一位认识的“神聊大王”，碍于面子，不得不打招呼，但又怕被“粘”上，就不妨一边走，一边敷衍他，否则会影响自己的正常上班。

只要出发点是好的，在人际关系的问题上，装装糊涂是无禁区的，对领导、对同事、对朋友、对下属，甚至对亲人，在必要的时候都可以装装糊涂。当然，我们在日常工作生活中不该糊涂的时候，就万万糊涂不得。如果你是医生，就决不能对患者糊涂；如果你是教师，就决不可对学生糊涂。

明白人装糊涂确实不易，而什么时候装糊涂，装到什么程度，这个尺度需要把握好。

给人留面子，也是给自己留余地

古时有一位公卿，在闲暇之余喜欢下棋，自负是国手。

一天，公卿闲来无事，就与手下的一个食客对弈起来。食客一出手就表现出咄咄逼人之势。公卿知是劲敌，就小心应付，但到后来，仍然被逼得心神大乱，无法应对。

食客见公卿焦急的神情，格外高兴，故意留一个破绽。公卿发现了，立即进攻，以为这下可以转败为胜。岂料，食客突然使出杀手锏，一子落盘，很得意地说道："你还想不死吗？"公卿正杀得性起，突然遭此打击，心中大为恼火，立即起身就走。

这位公卿向来着意于修养，胸襟比普通人宽大，但也觉得颜面尽失，颇为不快。因此，公卿对那个食客始终耿耿于怀。

此后，公卿再也没有同这个食客下过棋。这个食客本来是有才能的，公卿可以使他飞黄腾达。为了这一点不快，公卿再也没有提拔过这个食客。

那个食客抑制不住自己的好胜心，伤了公卿的面子，结果小过失铸成了终生的过错，终其一生都郁郁不得志。

在无关得失的小事中，你要让对方一步。这不仅可以博得对方的欢心，而且给他人留面子，也是给自己多留一些余地，使自己不会因小事而受到不必要的损害。

每个人都有自尊心。你伤害了别人的自尊心，他会认为受到了大辱，从而一直耿耿于怀，并可能随时找机会进行报复。因此，在人际交往中，切记千万不能因自己的争强好胜而伤害了别人的自尊心。

从某种程度上说，给人留面子也是一种互助。尤其在一些无关紧要的事上面，你更要懂得给人留面子。换句话说，给人留面子是联络感情的最好办法；而伤人面子，受害的最终只会是自己。

争强好胜，使对方下不来台，常常不会有好的结果。对于明智的人来说，即使自己会做得很好，也绝不逞一时之强，做使他人面子上难堪的蠢事。

中国人历来十分重视自己的面子。古代的项羽兵败后自感“无颜见江东父老”，于是自刎乌江。为了面子，项羽竟然连命也不要了。因为，面子代表着尊严与荣耀，有面子才能被别人看得起，才能展现他的优越感。在人际交往中，要想与别人建立和谐的关系，就必须懂得不争强好胜，给他人一个面子。给人面子是造就通达人脉的重要手段。

面子问题非常重要。打造好人脉，要懂面子问题，要懂得如何照顾朋友的面子。自恃自己的能力强，不把别人放在眼里，会将别人拒之于千里之外。如果对方要面子，就可能不吃你那一套，甚至可能撕破脸皮和你对着干，这样就会把你的人际关系搞糟。

在社交场合，你给我面子，我才会给你面子；你不给我面子，我也不会让你好过。这样做就叫作以牙还牙，以眼还眼。这是社会交往中的一种游戏规则。无论恩仇，你都会得到对方的回报。其实，与其伤了别人的面子，不如给他一个面子，让他欠你的情，而他给予你的回报一定大于你给他的。

年轻的富兰克林狂妄自大、不可一世。无论和谁在一起，他都显出咄咄逼人的气势。要是让富兰克林抓住了你的把柄，那他是绝对不会放过机会，一定会对你大加奚落一番。

富兰克林父亲的一位挚友知道后，就找到富兰克林，用委婉的方式，指出了其言语及行为的自以为是与目中无人，别人从他这里毫无所获，只是感到莫大的屈辱和难堪，自然不会愿意跟他再交往下去。

富兰克林听后，才意识到自己所犯的错误。从此，富兰克林痛改前非，待人处事开始变得谦恭委婉，时时谨防自己有损别人尊严的事情发生。后来，富兰克林便从一个被人鄙视、拒绝交往的自负者，成为受人欢迎爱戴的成功人物。

每一个人都要记住：目中无人只有一个结果，那就是众叛亲离，最终成为孤家寡人。如果你仍有目中无人的恶习，那么就从现在起开始改变吧。你“目中有人”，别人才能看见你；你尊重了别人，别人才会尊重你；你帮了别人，别人才会帮助你；你成就了别人，别人才能成就你。

爱自我夸耀的人，找不到真正的朋友。因为他自视清高、自以为是，不大理会别人的意见。这种人只会吹牛，朋友们避之唯恐不及。这种人常吹嘘自己最有本领，觉得干什么都没有人比得上他，往往瞧不起别人，结果使自己成为离群的羊。

常言道：“面子是别人给的，脸是自己丢的。”这话足以发人深省。一个人若真正具有某种本领或才智，是自然会得到别人的公正评价的。这赞美的话若是出自别人之口，才具有真正的价值。如果一个人总是对自己的成绩自我炫耀，夸大其词，其实是一件很失面子的事。凡是有修养的人，都不随便评价自己，更不会夸耀自己。他们很明白，个人的事业行为，旁人看来是清清楚楚的，好坏别人自有公道，不必老王卖瓜，与其过分夸耀自己，不如踏踏实实表示谦逊。

其实，当我们有一件值得称赞的事情被人发现之后，人们自然予以公正的评价，但若我们自我夸耀地“吹”出来，只能得到别人的讨厌和不以为然。

在我们一生中是否说过如下的话呢？

“幸好他听从我的指点，否则他不会有今日的事业。”

“这帮家伙都是白痴，不知他们整天在忙什么，我毫不费力地把它研究出来了。”

“你瞧，我这事做得多漂亮！你能做成这样吗？”

……

这一句句自吹自擂的话，都犹如一粒粒恶的种子，从我们的口中说出去，种在别人的心里，滋生出厌恶的幼苗。

有位成功人士，常对别人说：“我仅有小学毕业的学历。”但是，他实际上却拥有高学历，他之所以贬低自己，无非是要给予别人心理上的平衡感，让别人觉得没有压力。

所以，他周围的朋友很多，而且都是患难之交，这样的经营方略，使他的朋友圈更是锦上添花。

英国著名戏剧家、诺贝尔文学奖获得者萧伯纳对“平等相处”有很深的体验。一次他访问苏联，在莫斯科街头散步，遇到一位聪明漂亮的苏联小姑娘，便与她玩了很长时间。分手时，萧伯纳对小姑娘说：“回去告诉你妈妈，今天同你玩的是世界著名的萧伯纳。”小姑娘望了萧伯纳一眼，学着大人的口吻说：“回去告诉你妈妈，今天同你玩的是苏联小姑娘安妮娜。”这使萧伯纳大吃一惊，立刻意识到自己太高傲了。后来，他常回忆起这件事，并感慨万分地说：“一个人无论有多大成就，对任何人都应该平等相待。要永远谦虚，这就是苏联小姑娘给我的教训，我一辈子也忘不了她！”

与人相处时，要平等待人，不高人一等、故作姿态，不自以为是，不要在别人的面前自吹自擂，把自己说得天花乱坠般完美，不要在别人的背后品头论足、说三道四和指手画脚，始终保持友好平等的姿态与对方说话和相处，才不至于伤及他人的面子和自尊心，才有可能与别人保持友好关系，才有助于你朋友圈的经营和呵护。

懂得打圆场的技巧

有个理发师傅带了个徒弟。徒弟学艺 3 个月后，便开始正式上岗。

徒弟给第一位顾客理完发，顾客照照镜子说：“头发留得太长。”徒弟不语。师傅在一旁笑着解释：“头发长使您显得含蓄，这叫藏而不露，很符合您的身份。”顾客听罢，高兴而去。

徒弟给第二位顾客理完发，顾客照照镜子说：“头发留得太短。”徒弟又不语。师傅则笑着解释：“头发短使您显得精神、朴实、厚道，让人感到亲切。”顾客听了，欣喜而去。

徒弟给第三位顾客理完发，顾客边交钱边嘟囔道：“剪个头花这么长的时间。”徒弟仍然无语。师傅马上笑着解释：“为‘首脑’多花点时间很有必要。您没听说：进门苍头秀士，出门白面书生。”顾客听罢，大笑而去。

徒弟给第四位顾客理完发，顾客边付款边埋怨说：“用的时间太短了，20 分钟就完事了。”徒弟心中慌张，不知所措。师傅马上笑着解释：“现在的社会，时间就是金钱。‘顶上功夫’速战速决，为您赢得了时间，您何乐而不为呢？”顾客听了，欢笑告辞。

故事中的这位师傅，真是能说会道。他机智、巧妙地打圆场，每次得体的解说，都使自己的徒弟摆脱了尴尬，让对方转怨为喜，高兴而去。他成功打圆场的经验，给了我们诸多启示。

以动听的话语来打动顾客，求得顾客的欢喜，是师傅成功解围的首要诀窍。吉言顺耳，而爱听“吉言”则是人们共有的一种心理。师傅巧妙地利用人们的这种心理，在顾客抱怨时，有针对性地择用其易于接受的话语来博得欢喜。这样，顾客的抱怨消释了，先前不快的心理得到了“吉言”的“慰抚”，“欣喜而去”也就是很自然的结果了。所以，从某种角度上讲，打圆场也是能达人脉的一种方法。

生活中的任何事情都包含着两重性，其中的对与错、利与弊是相对的。辩证地看待问题，得体地扬长避短，是打圆场的又一技巧。师傅针对各种不同的情况，采取扬长避短的策略，用巧妙的语言去解释，通过“扬长”，引领对方换个视角，对先前不满意的事来一番换位思考，从一个新的角度去体会佳妙之处，从而高高兴兴地接受自己的观点。

幽默是化解尴尬的良方。幽默的话语常能令人转怨为喜，开怀大笑，并且能使人在笑声中有所悟、有所得。故事中，这位师傅使用的“首脑”一词就颇为幽默。将头说成“首脑”，寓谐于庄，调侃中不失文雅，庄重中又含风趣，从某种意义上讲，还在一定程度上“提升”了顾客的身份。再看那“进门苍头秀士，出门白面书生”之语，更是幽默诙谐、妙语解颐。至于“现在的社会，时间就是金钱，‘顶上功夫’速战速决，为您赢得了时间，您何乐而不为”的解释，幽默的话语中又含带了“与时俱进”的因素，颇有时代气息，这就大大地增加了说服力，更易为对方所接受。

打圆场不是不着边际的奉承，也不是油腔滑调的诡辩，而是一种说话的技巧。认真学习并掌握这种技巧，注意在特定的场合中察言观色，适时得体地打圆场，能有效地摆脱尴尬和烦恼。

打圆场有别于和稀泥，它是从善意的角度出发，以特定的话语去缓和紧张气氛、调节人际关系的一种语言行为，在日常生活中有着积极的意义。

不管做什么事情都有诀窍，打圆场也不例外。打圆场的诀窍主要有以下几种：

1. 转移注意力，暂熄战火

如果任由一些无原则的争论发展下去，它就可能演变成争吵，甚至使双方大动干戈。如果双方火气正旺，大有剑拔弩张、一触即发之势，第三者即可当机立断，借口有什么急事（如有人找或有急电），把其中一人支开，让他与另一个人暂时脱离接触。等过一段时间，他们消了火气，头脑冷静下来了，争端也就趋于平静了。

2. 揭示矛盾的症结所在，引导双方自省

当双方为某事争论不休，各说一套、互不相让时，作为矛盾的调解人，无论对哪一方进行过分的褒贬表态，都犹如火上浇油，甚至会引火烧身，不利于争端的平息。因此，你只能比较客观地将矛盾的真相说清楚，而不加任何评论，让双方从事实中反省自己的缺点或错误，使矛盾得到解决，从而达到消除误会，实现团结的目的。

3. 将双方有争议的话题岔开，转移注意力

如果不是原则性的争论，那么这场争论就没有必要再继续下去。作为第三者，如果仅仅向双方力陈己见，理论一番，恐怕不会有效。这时，不妨岔开话题，转移争论双方的注意力。

4. 巧妙地联络感情，寻找共同点

假如你想让两个彼此成见很深的人消除前嫌，如果你的亲人突然遇到过去关系很坏的人而你又在场，如果你作为随从人员参加的某个谈判暂处僵局……作为第三者，你需要做的事情就是联络双方的感情，努力寻找双方心理上的共同点或共同感兴趣的问题，一幅名画、一张照片、一盘棋局、一个故事、一则笑话、一句谚语、一段相似的经历，乃至一杯酒、一支烟都可能成为双方感兴趣的话题，都可以成为融洽气氛、打破僵局的突破口。

5. 对双方的论点进行归纳后，公正评价

如果争论的问题有较大的异议，而双方的观点又都有偏颇，但是本质十分接近，只是由于自尊心的缘故，双方又都不肯服输，那么第三者应照顾双方的面子，将双方见解的精华进行归纳，也将双方观点的不足之处整理出来，做出公正的评论，阐述较为全面的、双方都能接受的意见。这样，你就把争论引导到理论的探讨、观点的统一上来了。

在社会交往中，发生争执的人们常会找身为第三方的你来评理，让你给他们分个高下。这时，为了他们的友谊不受伤害，你就需要巧打圆场让他们平息纷争，既解决了问题，也在别人心目中树立了自己的良好形象，从而赢得别人的好感。

法则 9

以宽为美：豁达为人，宽容处事

做一个心胸开阔的人

河与岸是一对形影不离的好朋友。有河就会有岸，在岸上可以观赏河中的美景。有岸也就会有河，再美丽的岸，如果没有了河的流动，也是一种缺憾。

有一天，河与岸发生了矛盾。河说：“岸太限制我的自由。”岸说：“河的脾气太坏了，也太任性了。”它们从白天吵到黑夜，再从黑夜吵到白天。

它们吵架伤了和气，彼此都认为自己为对方付出了太多，然而又不了解彼此。河说：“我愿意怎么样就怎么样，用不着岸来管。”而岸却说：“我还懒得管你呢。你喜欢怎么样就怎么样，这和我有什么关系？”

一天夜里，山洪突然暴发。河和岸还彼此在各自梦里诅咒和埋怨着对方的时候，排山倒海的洪流已经跃过了河岸，冲到了广阔的田野上。

在一阵阵的呼喊和救灾声中，河和岸同时看到了自己丑陋不堪的形象，还有对方的那种惨不忍睹的形象。这使它们怀念起以前和睦相处的情景，然而一切都太晚了。

在日常生活中，大多数人心胸宽广，为人处世冷静客观、豁达大度，人际关系正常。但是，也有些人，心胸比较狭窄，喜欢斤斤计较，唯恐自己吃亏。这些人觉得自己在生活中失去的太多，而得到的却很少，往往会因此变得意志消沉，缺乏动力。

有些人疑心特别重，喜欢猜疑，常常无中生有地怀疑别人或歪曲对方的原意。有时，这些人会因一些鸡毛蒜皮的小事与人争吵或生闷气，人际关系搞得很紧张。这些人还常常把自己的身份、地位、级别看得很重，很怕失去什么。当有人不慎冒犯了他时，他就会大发脾气。

在这个大千世界里，每个人自出生的那一刻起，就要生存，就要和他人接触。在和他人相处的时候，豁达是很重要的一部分。豁达意味着风度、胸怀及气质。

遇事存一分豁达，可以使人们彼此之间多一些认同和理解，也可以使人自责和忏悔，反省自己哪一步错了。

豁达的人从不在乎蝇头小利，对待那些鸡毛蒜皮的小事只是付之一笑。对来自无意间的伤害，豁达的人会表现得很宽厚；对窃窃私语，豁达的人会表现出一种漠视；对含有敌意的攻击，豁达的人会表现出一种忍让；对与自己不一样的意见，豁达的人会表现得很理解。豁达的人就是这样一种善于包容、充满爱心的人。

每个人都不是独立生活的个体，都要生活在社会之中。你的一切事情都需要与他人打交道，和他人交流，都需要他人的帮助。没有他人的帮助，你做任何事情都会寸步难行。

与人相处，要以一个平常的心态来对待，要时刻想到这个世界离了自己照常运行，要明白谁离了我都能继续生活。反之则不然，自己离了别人就难以生存。要拥有好的人脉，先要有好的心态。

要想快乐生活，开开心心过好每一天，你就应该与人和睦相处，多一点宽容心，多一份理解，多一份关怀。如果做到了这些，你的心情就会开朗，朋友也就会更多了，而你的生活也就是最幸福的了。

在与人交往中，任何的复杂都是让人颇费思量的。因此，你就需要有一个正确的为人处世方式，即为人要宽容，处世要豁达。

说起宽容，很多人都不否认其好处，但又觉得做起来很难。确实，宽容是一种做人的美德，也是一种明智的处世原则，是人与人之间的“润滑剂”。然而，要达到宽容，那你首先要让自己豁达起来。

在一生之中，每个人都会遇到挫折，世间的坎坷和厄运时常会搅扰得人心不得安宁。大家都不容易，所以自己不要太钻牛角尖，不要在自己前进的道路上自设绊脚石。当对事情都能看开时，你会在无意中得到别人的理解和赞许，从而拓宽自己生活的乐趣。

凡是经历过风雨的人，最容易感受彩虹的沐浴，而他的宽容也犹如冬日正午的阳光，很容易就能融化别人心田里的冰雪，让美好的生活从此变成潺潺细流。

人的豁达就是自信。自信能给你力量，也能给你智勇。宽容和豁达可以使人消除烦恼，而自信可以使人摆脱忧愁。人有自信，他的前途就会充满光明。

豁达开朗的人往往都很宽容，也能够对别人不同的看法、思想、言论、行为以至宗教信仰、种族观念给予理解和尊重，而不会随便把自己认为“正确”或“错误”的东西强加于别人。

你只要豁达和宽容，即使单独生活时，也能泰然处之，毫无孤独之感。因为，具有积极情感的心态，才能感受到自己存在的价值，从而对自己的能力、个性、情感、长处及不足做出恰如其分的客观评判，也就不会对自己提出苛刻的、不切实际的个人奋斗目标和做人原则。

一个人心胸狭窄的重要原因，就是思考方式上的形而上学。由于他们习惯于孤立地、静止地去看待问题，因而目光短浅，不能认识事物的多样性。

三国时期的周瑜只看到诸葛亮的雄才大略，认为如果诸葛亮帮助刘备强大起来，将威胁到东吴称霸，而没有认识到面对曹操的数十万大军，如果自己嫉贤妒能，破坏了蜀吴联盟，只能各个被曹军击破。诸葛亮却清醒地认识了这一点，做到了一方面“大人不计小人过”，另一方面巧妙地与周瑜周旋，使他无法破坏孙刘联盟。

在与心胸狭窄的朋友相处时，为了既不失友谊又不伤关系，你需要注意以下几个方面：

1. 气量大度一点

在与心胸狭窄的朋友相处时，肯定会发生一些不愉快的事。如果缺乏气量，我们就会与他们斤斤计较，从而使双方无法相处。相反，如果气量大度、胸怀宽广，我们就会使那些不愉快的事化为乌有。

2. 尽量谅解他人

假使对方因心胸狭窄，做出对不起自己的事，我们应从有利于工作和团结的大局出发，能谅解的就尽量去谅解，能忍让的就尽量去忍让，不要为个人的利益而斤斤计较或耿耿于怀。

3. 把握好忍让的尺度

因为朋友的心胸狭窄，做出了对不起自己的事情，不忍让又怎么办呢？除非闹翻了，分道扬镳。忍让别人，绝不是向别人低头示弱，而是心胸宽阔、风格高尚的表现。当然，忍让并不意味着要放弃原则。

对来自无意间的伤害，豁达的人表现得很宽厚；对窃窃私语，豁达的人只是会表现出一种漠视；对敌意的攻击，豁达的人会表现出一种忍让；对与自己不一样的意见，豁达的人会表现得很理解。

主动让步是一种宽容

一个年轻人抱怨妻子近来变得忧郁、沮丧，常为一些鸡毛蒜皮的小事对他嚷嚷，甚至会对孩子无缘无故地发脾气，这都是以前不曾发生的现象。他无可奈何，开始找借口躲在办公室，不愿回家。一位经验丰富的长者问他们最近是否争吵过。

年轻人回答说："为了装饰房间，我们发生过争吵。我爱好艺术，远比妻子更懂得色彩。我们为了每个房间的颜色大吵了一场，特别是卧室的颜色。我想漆这种颜色，她却想漆另一种颜色。我不肯让步，因为我对颜色的判断能力比她要强得多。"

长者又问："如果她把你的办公室重新布置一遍，并且说原来的布置不好，你会怎么想呢？"

"我绝不能容忍这样的事。"年轻人不假思索地回答。

长者解释道："你的办公室是你的权力范围，而家庭及家里的东西则是你妻子的权力范围。如果按照你的想法去布置'她的'厨房，那么她就会有你刚才的感觉，好像受到侵犯似的。当然，在房间布置问题上，最好双方意见一致，但是你要记住，在做决定时要尊重妻子的意见。"

年轻人恍然大悟，回家对妻子说："你喜欢怎么布置房间就怎么布置吧。这是你的权力，随你的便吧！"

妻子大为吃惊，几乎不相信。年轻人解释说是一位长者开导了他，使他认识到自己错了。妻子听后非常感动，两人言归于好。

夫妻关系和其他许多人际关系一样，会有这样那样不尽如人意的地方。针锋相对永远不是解决的好方法，主动让道才能使双方更多感受到宽容的力量。只有以宽容的态度面对问题，才可能很好地解决。

主动“让道”是一种宽容，是在人际交往中有较强的相容度。相容就是胸怀宽广，忍耐性强。有人说：“大海是广阔的。比大海更宽广的是天空，比天空更广阔的是人的胸怀。”也有人说：“谁若想在困厄时得到援助，就应在平时待人以宽容。”也就是说，相容度高，能接纳、团结更多的人，在平常的时候共奋斗，在困难的时候共患难，可以增加成功的力量，创造出更多的成功机会。反之，相容度低，则会使人疏远，减少合作力量，人为地给成功增加阻力。

孔子曾告诫人们：“己欲立而立人，己欲达而达人；己所不欲，勿施于人。”意思是自己不愿做，不能接受的事情，一定不能推给他人。在人际交往中，记住“己所不欲，勿施于人”的教诲是大有裨益的。它可避免提出人们难以接受的要求，并且避免由此而来的难堪局面，从而建立和维持良好的人际关系。

要成大事的年轻人，必须具备主动“让道”精神。在与他人产生矛盾或冲突时，我们应主动“让道”，而不应争先“抢道”，于己于人都有利。

人们往往能够将别人的缺点看得一清二楚，但这并不意味着可以因此随意地指责别人。在与人相处时，还是要懂得体贴他人。并且，在不伤害人的前提下，适当地帮助别人。如果以严厉的态度对待别人，容易遭到他人的怨恨，反而无法达到目的。

在现实生活中，我们不应用苛刻的标准去要求别人，要尊重对方的自由权利。因此，做一个肯理解、容纳他人优点和缺点的人，才会受到他人的欢迎；而对人吹毛求疵的人，则不会有自己亲密的朋友的，因为人家对他都是敬而远之。

如果我们能够真诚待人，就能尽可能地赢得别人的好感、依赖及尊敬，就能较好地与别人和睦相处，也就能在人生旅途中顺利地前行。

如果你事事与人斤斤计较，只会自己堵住自己的路。一个人必须具有容纳污秽与耻辱的能力，再加上包容一切善恶贤愚的态度，才能有成功的人际关系。

学会拥抱你的对手

一间小杂货店对面新开了一家大型连锁商店。这家连锁商店即将挤垮杂货店的生意。

杂货店的老板满脸忧愁地找牧师诉苦。牧师却建议他说："每天早上，你站在杂货店门前祈祷自己生意兴隆后，转过身去，同样为那家连锁商店祈祷生意兴隆。"

不久之后，正如这个杂货店老板当初所担心的那样，他的杂货店关门了，但是他却被聘为了那家连锁店的经理，而且收入比以前更高。

拥抱你的对手，在公开场合夸奖对手的长处，这是气度和胸襟。你看竞技场上的对手，竞技之前拥抱，竞技之后再次拥抱。

人和动物是不同的。动物的所有行为都是依其本性而发，属于自然的反应；但人不同，经过思考，人可以依当时需要，做各种不同的行为选择，比如拥抱对手。

"拥抱对手"，是件很难做的事，就是因为难，所以人的成就才有高下之分。也就是说，能拥抱对手的人，他的成就往往比不能拥抱对手的人要高。

如果你在心里说："我绝不会拥抱对手，那会显得我没有骨气。"那么你就等着吃亏吧。要知道，你的主动，除了可以在某种程度上降低对方对你的敌意之外，也可避免恶化你对对方的敌意。换句话说，为敌为友之间，留下了一条灰色地带，免得敌意鲜明，反而阻挡了自己的去路与退路。

你的拥抱动作，也将使对方失去再对你攻击的立场。若他不理你的拥抱而依旧攻击你，那么他必招致周围人的谴责。而最重要的是，拥抱对手这个动作一旦做了出来，久了会成为习惯，让你在为人处世时，能容天下人、天下物，出入无碍，进退自如，而这正是成就大事业的本钱。

事实上，拥抱对手，并不如想象中之难，自己的想法是最关键的。只要你能克服心理障碍，就没有什么做不到。在肢体上拥抱对手，比如拥抱、握手。尤其是握手，这是较普遍的社交动作，你伸出手来，对方好意思缩手吗？在言语上拥抱对方，比如公开称赞或关心对方，表示你的“诚恳”，但切忌过火，否则，会造成反效果。

会做人的聪明人，在做事的过程中，都懂得拥抱对手的艺术。即使结果令你难以忍受，也要笑脸相迎，拥抱一下对手又何妨。

学会拥抱对手，是学会为人处世不可缺少的一个环节。人生最大的快乐不是战胜对手，而是拥抱他，然后化敌为友。

从容淡定地对待每个人

相关人士曾经做过以下的实验：

有两组实验者被要求和一位女士通电话。在通话之前，两组实验者分别被告之与其通话女士的性格：与第一组通话的女士是一个呆板、乏味的人，而与第二组通话的女士则是一个热情、开朗的人。

通话结果发现：第二组的实验者与对方的交谈很投机，通话时间也较长，而第一组的实验者几乎无法与对方顺利交谈。

正当实验者认为这样的结果与他们事先预料的一样的时候，却被告知与他们通话的女士其实是同一个人。

出现这种情况的原因是显而易见的，这是参加实验者的心态受到干扰造成的。他们在与那位女士接触之前，就被告知了她的性格。所以，他们在真正和她接触的时候就几乎放弃了自己的感觉，完全受制于自己先入为主的印象。这是一种心态不稳的表现。没有平和的心态，在与人相处的时候，很容易受到外来的甚至是自己偏见的影响，从而对与自己交往的人产生不客观的评价。

现代社会的生活节奏日益加快，各种事物也都跟着节奏发生着变化。其变化速度之快，甚至远远超出了人们的想象。在大多数时候，人们似乎永远跟在这些变化的后面，随着外界的变化让自己不停地被动更新。渐渐地，心态开始凌乱。在与人相处的时候，开始患得患失，整日奔波却不知所终。因此，在与人相处的时候，不为外界所干扰，保持平稳的心态就显得非常重要。

如果每一个人都有一个平稳的心态，客观、公正地对待别人，时时严于律己，并根据实际情况不断调整自己的期望值，那么类似案例中所提的实验情况就不会发生，这就是与人相处时的心理素质要求。

每个人在性格、爱好及习惯等方面都有着很大的不同，对事物的认识与理解也不尽相同。我们不能要求他人与自己一样，不能以自己的标准和经验来衡量他人的所作所为，要承认他人与自己的差别，并能容忍这样的差别。不要企图去改变别人，因为这样做在大多数情况下是徒劳的。

何况，别人与你的观点或处世态度不同，也不意味着别人就错了，你就对了。大多数情况下，人与人的差别并不是是非上的，而只是性格上的，多数是没有对错之分的。即使别人所持观点不正确，甚至他本人有很多缺点，你也没有必要去改变人家。正所谓："人非圣贤，孰能无过。"人与人在日常的交往中，不可避免地要出现或大或小的失误。这时，你不应横加指责或大声呵斥，而要乐道人之善，多看到他人的长处。

在与自己观点不同的人相处的时候，你都不会感到很愉快，甚至会矛盾重重。在这个时候，你所应该做的，就是要保持一种平稳的心态，以宽容和大度的精神去面对他们。尤其在面对有缺点的人时，你更要学会调整自身，去适应他们。调整自己，其实就是保持平稳心态的积极手段。

在现代社会的极其复杂和不断变化的人际关系中，每个人都有保持心态平稳的需要。而保持心态平稳的基础就是要在和别人相处的时候，以正确、客观及宽容的态度去对待别人。凡事都要站在他人的角度去想一想，这样或许就能够理解他人的所作所为；还要真正做到随时调整好自己的心态，以保持平稳。要做到这样，你就必须提高自身素质，全面展现自己，多看他人长处，原谅他人过错。这样，你在与人相处的时候才会如鱼得水、游刃有余。

保持平稳的心态有益于你与人交往。心态不稳，你就容易患得患失，看不到别人的长处，只看到别人的短处，同样，也不能正确认识自己。以一颗公正、客观的心对待人和事，你的心态就会平稳。

法则 10

用人以德，宁缺毋滥

容人之心非常重要

一般人都有这样一个发现：有才学的人都比较高傲，偏激，领导们不要用一些表面现象而模糊了双眼，让“千里马”从身边奔脱而去。我们先看一看美国时装大王是如何发现人才的：

斯瓦兹 15 岁起做工，后来当一家服装公司的伙计。19 岁时他声称要辞职自费开店时，老板斯特拉以为他在说谎，其实他从做工起开始储蓄，这时已达 3000 美元，便与人合办了服装厂。

他马上感到老是做和别人一样的衣服没出路，必须有个好的设计师，能设计出别人没有的新产品，才能在服装业出人头地。他为此终日茶饭无心，精神恍惚。

一天，他到一家零售店推销成衣，30 岁的老板看了一眼他的衣服说：“你的公司没有设计师。”这一下子说到了他的心病。

老板从店里请出一位身穿蓝色服装的“少妇”，并说：“她这件衣服和你们的衣服相比怎么样？”

“好看多了。”期瓦兹不禁脱口赞道。

“这是我特地为我太太设计的。”老板骄傲地说：“别看我开这爿小店，但也没把你们这些大老板放在眼里。你们除了固执、偏狭而外，有几个懂得设计？连点美的细胞都没有！”

对这种接近侮辱的话，斯瓦兹毫不在意，仍然笑容可掬地问：“你何不找一家大公司一展所长呢？”

没想到老板发泄开了：“我就是死，也不再去给别人当伙计了！我在三家公司干过，明明是他们不懂，偏偏说我固执。我灰心透了！”

斯瓦兹感到，这样倔强自信的人，往往是有才能的人，决心争取他做公司的设计师，但被断然拒绝了。

斯瓦兹找到了一贯支持和帮助他的原先的老板斯特拉登，了解那位名叫杜敏夫的人。

“你的眼光不错，他的确怀才不遇。”斯特拉登说：“要是我年轻 10 岁，这个人就轮不到你了！”

“为什么那些大公司不招聘他？”

“要知道，如果是经理人才，因他本身有实权，只要他真有一套，别人根本排挤不了他；而设计人员就不同了，全看他们的才能是否被主管欣赏，看主管是否有魄力。杜敏夫这个人脾气很坏，不好相处。”

“只要他真有本事，脾气我倒不在乎。”

“他指着你的鼻子骂大街，你也不在乎吗？”

“只要他不是无理取闹。”

斯特拉登频频点头，“只要你有这种精神，将来前途不可限量。杜敏夫是个人才，只要你会用他，也许会有惊人的表现。”他继续说：“你知道为什么有些大公司逐渐势微，有些小公司却迅速成长吗？全在用人观念。如果老抱着‘我有钱还怕请不到人’的心理，有时一辈子也用不到一个真正的人才，因为那种人是不肯为一点薪水而唯唯诺诺的，要请到他们，你必须礼贤下士，亲自登门拜访，并动之以情，晓之以理，久而久之，他们会被说服的，这个道理你懂吗？”

这番话促使斯瓦兹下定决心求取这位傲慢的杜敏夫，杜敏夫被斯瓦兹的真诚感动了，出任斯瓦兹的设计师。在他的建议下，斯瓦兹首先采用人造丝做衣料，一步领先，出尽风头。

坚持宁缺毋滥的原则

宁缺毋滥要求领导者在任人时选用精兵良将，不多用一人，也不闲置一人，使人事保持相对稳定，不闲则已，闲则必责。如果在当时没有找到合适的人选，宁可让职位空缺，也不滥竽充数。

1. 职位宁缺毋滥

用人之多少，应根据工作需要而定。在确保工作质量的情况下，再合理安排职位和人数，然后根据一人一职的原则任用人员，既不可备位，也不可备人，更不能在找不到合格人选的情况下随便以人顶替。否则，就会影响整体效率和质量。

2. 任之以专

一个人能力再高，在短时期内都是难做出重大成绩的，人才聪明才智的发挥需要一定的时间，因此其能力和功绩须在较长时间内才能体现出来。领导者在任人时一定不能急功近利，急于求成；经常更换人事，这样做会适得其反，离自己所要求的目标越去越远。正确的做法应该是一旦确定了人选，就给予其充足的时间，让其潜心研究，放手施为，这样反而容易做出显著成绩。举个例子，美国科学家的科研水平乃世界第一流的，但如果美国政府要求他们在短期内将人类送上月球并在上边正常生活显然是不可能的。如果美国政府因此而将科学家们撤职查办，那岂不成了天大的笑话。再如一家企业历年来亏损负债上亿元，企业领导任命一名新总经理，令其一年半载扭亏为盈，否则就再次换人，这能证明的仅仅是该领导水平低下，不懂任人以专的基本常识，而丝毫不能证明新任总经理能力低下。可见，任人以专的效果明显地比经常更换好。

法国经济学家亨利·法约尔对人员任期问题有一段深刻的解释。他说，人员任期稳定是一个均衡问题。雇员适应新的工作和很好地完成工作任务都需要时间，即使是假设他有相应的能力。如果在他已经适应工作或在适应之前又被调离，那么他将没有时间提供良好的服务。如果这种情况无休止地重复下去，那么工作就永远无法圆满完成。因此，一个能力一般但留下来的管理人比一个刚来就是杰出的管理人更受欢迎。这段话虽然是针对企业而发的，但同样适用于其他组织和机构。它深刻地告诉领导者们任之以专的重要意义。

当然，任之以专并不是任期越长越好，它并不排斥工作人员的正常变动，只是强调要给人以充分展示才华和成绩的时间，同时保持人员的相对稳定，以利于事业的发展。

要注意用人的忠诚

没有一个领导者喜欢对自己当面一套、背后一套、阳奉阴违、两面三刀的部下。一些领导者把对自己是否忠诚，当成是部下“德”的体现。他们认为忠诚老实是部下的第一品德，一切坏事，都是从不忠诚老实开始的。

但是，千万不能把部下品德中的忠诚老实和对领导者个人的忠诚老实混为一谈。

有一个被免了职的领导感叹：“想当初我在位时，部下们个个笑脸相迎、笑脸相送，可如今，人人都不理我，个个都是没良心的，没有一个忠诚老实的。更有一些朝夕相处的‘亲信’，反而‘落井下石’地揭发我。”从这番话可以看出，这位领导者对领导与被领导的关系，对所谓“忠诚老实”的认识水平实在是太低了。你当领导时，浑浑噩噩，颐指气使，有哪个有真才实学、品行正派的人愿意当你的部下呢？既然运气不好，当了你的部下，你听不得半句不同意见，动辄大帽子扣，小鞋子挤，又有谁跟你提意见呢？这位领导者的被免职，正是由于多年听不到不顺耳的话，看不到对他不笑的脸，致使决策经常出错，严重地挫伤了部下，特别是品行正派、才能出众的部下的自尊心。因此，部下不得不对他不“忠诚老实”，而对上级组织“忠诚老实”，这反映了他的无能与寡德。他有什么资格责怪部下不忠诚老实呢？

美国麦克阿瑟将军曾经希望有这样的部下，他们唯命是从是忠实的奴才。但他们胜任不了工作，于是还需要有富于创造力、有极强的工作能力的另外一半。可到哪里去找呢？于是，他只好感叹：“人才有用不好用，奴才好用没有用。”

因此，他喜欢人才与奴才兼合的部下。这是在有强敌压力面前的麦克阿瑟的态度。可以设想，假若不是战争环境，功成名就的麦克阿瑟将军，肯定是要奴才而不要人才了。

但是，把有才能的人看成不好使唤。把缺乏才能的人看成为可靠的人，其实是对部下、人才的误识。历史上，有许多才华盖世的贤才，都是以忠诚为内在素质的，如伊尹、周公、姜尚、萧何、诸葛亮、岳飞等。

而治国无能，表面奴性十足，似乎忠诚可靠的人，如齐桓公手下的易牙、竖刁、开方，秦二世身边的赵高，宋高宗时的秦桧，乾隆后期的和珅等，都是祸国殃民奸险之徒。

无论哪个领导，可能都需要任用对自己百依百顺，说奉承话的人。如果你是一个上司，那么就要注意了，用人重要的是要用他的才能而不是他的谄媚。

任人唯亲不可取

古今中外，企业任人唯亲招致失败的事不胜枚举，当然任人唯贤的案例也有不少。

北宋初年名相李昉任相，凡是前来套近乎、求举荐的，即便其才可取，也必正色拒绝，然后按正常程序推荐提拔。子弟们问其故，李昉说：“用贤，人主之事；若受其请，是市私恩也，故峻绝之。”陈执中任相，女婿向他谋求官职，陈执中一口回绝说：“官职是国家的，非卧房笼箧之物，婿安得有之？”

北宋末年，蔡京等人权倾一时，他们大量培植党羽，纷纷荐举自己的亲属、门人。有人在弹劾蔡京时说：“内而执政侍从，外而师臣监司，无非其门人亲戚。”而“门人亲戚”绝大多数都是些只会溜须拍马的无能之辈，结果金人挥师南下之时，满朝大臣面面相觑、束手无策，金军陷燕京、破太原、围开封，文臣武将望风而逃，金军如入无人之境，轻轻松松就灭掉了北宋这个一百六十余年基业的王朝。

现如今，还有类似的案例：

“王安电脑公司”在企业发展的关键时刻，创始人王安没有选择公认的最佳人来作接班人，却任命其缺乏管理能力的儿子王列为公司的总裁，可是在 1986 年王列接手公司后，公司一年内竟亏损 4.24 亿美元，在这之后公司的状况每况愈下，不得不于 1992 年申请破产。

相反，在联想的制度里，就有一条“领导的子女不能进公司”的规定。柳传志有自己的考虑，他担心如果员工的子女们进入了公司，再相互联姻而联合起来，形成各种各样的利益集团和小团体，将来想管也管不了了，可能会导致公司的土崩瓦解。正是柳传志的这种以身作则，联想公司的其他领导都以他为榜样，将亲人拒之门外，保证了联想公司人才选拔和职员提升免受“亲疏”的干扰。

美国著名管理学家彼得，曾对众所诟病的家族企业进行了研究，得出了如下结论：一般企业与家族企业在企业所有功能性工作方面没有任何不同，但在管理方面，家族企业却应该严格遵守独特严格的原则：

一是家族成员一般不宜在本企业工作；二是非家族专业人士身居要职；三是非家族企业成员出任高级职位；四是让“外人”享有“主人感”；五是纠纷时，找好仲裁者。

管理者应该好好吸取教训，在选拔领导和分配任务的时候，应该唯才是举，任人唯贤。

佞奸之人不可用

在识人的发展史上。常常能听到许许多多的人会讲这么一句话，即“人不易知，知人不易”。人之所以不易识别，原因是多方面的，但主要是下面原因。

1. “凡事之所以难知者。以其窜端匿迹，立私于公，倚邪正，而以胜惑人之心也。”这就是说，事情不易了解的原因，是由于它隐藏迹象，把私心掩盖起来而显出为公的样子，把邪恶装饰成正直的样子，而且以必然的胜利去迷惑人的头脑。说明人的奸恶之所以难以辨识，是由于有正直、忠诚、善良的外表作掩护。

2. “凡有才名之士，必遭险薄之辈假以他事中伤。始乎摒弃，卒不得用”。也就是说，凡是有才能的贤人，必然要遭到阴险浅薄之类人的恶意中伤。起初被迷惑而遭冷落，而最终得不到使用。说明因奸佞之人的无事生非造谣中伤，使得贤才难以被识别而加以使用。

3. “潜伏着的感情和隐藏着奸诈，是很难从一个人的外貌了解到的。”所以古人说“伏情隐作，难以貌求”。同时也说明了“人之深者有两种。一日深沉。如纳言自守，容人忍事，内外分明，外边浑厚，不露圭角，不呈才华。此德之上者。一日奸深。如闭口存心机，深挟诈，形迹诡秘，双目斜抹，片语斜锋。此恶之尤者，切不可以深沉君子，与奸深并观也。”这就是说人的所谓“深”，有两种情况。一是深沉。其表现为少言语而守本分，能容人忍事，内外分明，待人处事浑厚而不逞强，不炫耀才华。二是奸深。其表现为缄口不言而心藏杀机，阴诈深藏，行为诡秘，双目斜抹，说话阴阳怪气。前者是最有道德的贤才，后者是极为险恶的奸人，所以切切不可将二者混淆，等量齐观。可是，在人际交往中，二者则经常混淆，造成贤佞难辨。

4. “贤人必为国计，而不肖者专为身谋。为国计者必恃至公，故言直而援少；为身谋者专挟己私，故喻巧而援多。”这就说明了这样一个基本的问题，即品德高尚的人必定一心为国，品质恶劣的人专为自己盘算。一心为国的人必定是从最大的公心出发，所以说话直来直去，支持他的人就少；为自己盘算的人必定从私利出发，所以说话曲折巧妙，支持他的人就多。这进一步说明，奸与贤的界限虽是清楚的，然而，要识别也不是一件易事。

对于佞奸者来说，是因其能以假象蔽其真相，以外表又掩其内心的奸诈，且其谋深术巧，使人迷惑而难辨识。

《吕氏春秋·疑似》指出，物之相似最能迷惑人，它说：“使人大迷惑者，必物之相似也。玉人之所患，患石之似玉者，相剑之所患，患剑之似吴干者。贤主之所患，患人之博闻辩言而似通者。亡国之主似智，亡国之臣似忠。相似之物，此愚者之大惑，而圣人之所加虑也。”这是说，相似的事物最能迷惑人，石似玉，玉工难以辨其真伪；剑似吴干宝剑，铸剑师也难识其优劣；博闻善辩的人似通而实不通，足以惑人而误事，这是贤明君主所虑的。历史上不少亡国之君自恃见识超人而独断独行，其左右也顺其意投其所好，因而被视为心腹忠臣，正是其君似智而实不智，其臣似忠而实佞奸，致亡国亡身。最典型例子，就是明崇祯皇帝及围绕在他左右的那班佞臣。崇祯认为他是英明之主，臣下无人超过他，他的旨意就是真理，与他相左的视为庸才，或逆臣，一直至死都认为明亡咎不在己，而是在于群臣无能。他相信的都是对他听话、奉承的宦官和佞臣。正是这些似智、似忠的君臣葬送了明王朝。但这位似智的崇祯皇帝，他跟其前几代的只想享乐连朝也不上的皇帝确有点不同，他日夜操劳，好像有作为的贤君，故能迷惑人，因而不少人为之惋惜，认为他非亡国之君，而处于亡国之时。

奸佞之人能使人不知其奸诈，是因其用心险而术巧，对此，《元史·列传四十五》有精辟的论述：“奸邪之人，其用心也险，其用术也巧。惟险也，故千态万状而人莫能知；惟巧也，故千蹊万径而人莫能御。其谄似恭，其奸似直，其欺似可信，其佞似可近，务以窥人君之喜怒而迎合之，窃其势以立己之威，济其欲以立己之爱，爱隆于上，威擅于下，大臣不敢议，近亲不敢言，毒被天下而上莫之知。”明严嵩就是这样用心险而用术巧的奸佞人物。严嵩其人无才略，他最大的本事是巧于媚上，窃谋权利。世宗即以信道求仙著名的那位嘉靖帝，他虽昏庸，却自以为高明，凡拂其意的，不是廷杖，即杀戮；对严嵩则另眼相看，因严嵩善写“青词”，并作文为嘉靖歌功颂德。严嵩百事顺嘉靖意，照其意旨行事，故得入阁参与政事。严嵩虽年过六十，精神焕发，勤于政事，日夜在内阁值班，连家也不回。嘉靖大为赞赏，赐其银记，文曰：“忠勤敏达。”严嵩害人不露痕迹，被害的人也不知被谁所害。凡比己位高的，严嵩表面对他很恭敬，宰伺其过害之，取其位而代之。崇祯居深宫，大臣难得谒见，只有严嵩得亲近，旨意由他代下，因此他能一手遮天，权倾天下，结党营私，大受贿赂，是当时最大贪官。嘉靖对他长期信任而不疑。严嵩之能遂其奸，采取的手法都一样，即前所说“窥人君之喜怒而迎合之”而已，因而“爱隆于上”，“毒被天下而上莫之知”。

佞奸难辨是因其心险而术巧，而贤者难识是因其忠而直，故不为庸主暴君所喜欢。《元史·列传四十五》谈及知贤之难，是由于有下列几种情况：一、贤者不遇时，或无人推荐，因而隐居不出，必然不为世人所知。二、人君知而召之出仕却，却不重视，待之如奴仆；或待之以礼，而言不见用；或用其言，而急功近利，且使佞人参与。因此，难以发挥贤者的作用，也就不为其君所赏识。三、贤者不为所知，也是因为：人君居于高位，喜听别人的过错，而不喜人说自己的过错，所行是务快己心，而不是务快民心，贤者为公为民必然进谏以纠正其错误，这就使其君很不高兴，不会得到赏识而重用，也因此，君臣就难于相处。而拒谏喜谀的人君，其左右必多佞人，他们最嫉贤者，必然大肆诋毁、多方陷害，正直的贤者不获罪杀头已算万幸，又何能发挥其才能为国为民做好事呢？正是由于以上种种原因，故贤人难知难任。

楚庄王可谓是我国古代识人高人一筹的人。楚庄王是“春秋五霸”之一，在齐桓公、晋文公、宋襄王、秦穆公和楚庄王这五位霸主中，从实力、人力和功绩等综合起来比较，大概就以楚庄王为最强。关于他的故事很多，最有名的大概就是“三年不鸣不飞”的故事。

庄王即位三年，却从来不曾关心过政事，每天只是饮酒作乐，不分日夜地游玩。他还贴出了布告说："谏者处死刑"。

于是，光阴似箭，日月如梭，不知不觉地就这样一年过去，两年过去。臣子中有许多人也暗自庆幸着君王是个好逸乐之人；于是这些臣子也陪着他一同玩耍、十分愉快。不过，也有一些对庄王不以为然、不愿随之沉沦的臣子。

某一天。重臣伍举抱着被诛杀的决心，来到庄王面前。当时，庄王左手抱着郑国的丽人，右手搂着越国的美女，带着轻微的醉意接见他。"臣万分惶恐，希望告诉王上一些话。"

"你难道不知道我已昭告天下'谏者处死刑'吗？""其实，臣只是想说个谜语给大王猜猜。""哈哈！是谜语啊！那就没有关系。你说说看吧。""是这样的：山丘上有一只鸟，栖息在那儿已经三年了。这三年里它不飞也不叫。请问它是只什么鸟？"庄王听了以后，就回答他说："它虽然三年不飞，但却可以一飞冲天，它不鸣则已，一鸣则天下惊，你说的话我都明白，退下去吧！"

庄王严肃的表情一过，代之而起的，又是一副玩世不恭的样子。之后，庄王依然没有改变，而且玩得比以前更过分了。

这一回，一名叫作苏从的重臣出来了。他与伍举不同的地方是说话向来直来直往，毫不留情面。这回他是冒着被处死的危险，打算向庄王进谏。庄王见苏从来谏便再三地叮嘱他："你应该知道我那个'谏者处死刑'的布告吧！"苏从回答说："如果能唤醒沉睡的君王，我这区区小命，就算是牺牲掉又如何！"庄王原来就在等待，看谁会对他提出强烈的意见。现在，时候到了，他突然停止游乐，重新整顿起国中政事来。庄王首先就由人事上开刀，当初和他一起游乐的数百名臣子全部加以处分，并起用新人。另外则把国事委任于伍举、苏从二人。由此可见，庄王实际上故意沉迷于玩乐，然后趁机安安稳稳看臣子的表现如何。等到他弄清楚了谁是可造之才、谁是不可靠的人，就当机立断调整人事，从而巩固了政权和国家的基石。庄王可谓一代英杰。

吃苦耐劳是办事的根本

“能吃苦耐劳的人是正人”，曾国藩这么认为，所以，他在任用人时，特意强调“耐劳”二字不可少，并且让部下及朋友在为他举荐人才时，也要考察其是否有耐劳的好品质，曾国藩还认为：吃苦耐劳是一个人办事的根本，如果能任用一批吃苦耐劳的人，将来就会大有用处。

曾国藩用人时喜欢选择那些能吃苦耐劳之人。当曾国藩攻陷被太平天国长期占领的地区后，人人视其为畏途，避之犹恐不及。这样，曾国藩就不得不保奏一批人充任地方官员。同时，曾国藩每到一处，就弹劾当地不作为的官吏，又以整顿吏治为念，因此也有许多空缺留给了幕僚。在直隶，从江南抽调大批幕僚北上，待机补缺，一次即达十一员这多，钱应溥、薛福成、吴汝纶、陈鼐、游智开、赵烈文、方宗诚等都是这次调去的。其后除随曾国藩返回江南的钱、薛、吴等人外，留于直隶者均先后补授实缺，既对直隶吏治有所补益，亦使这些追随多年的幕僚找到出路。

战争期间非重奖厚利不足得人死力，曾国藩利用幕府训练与培养出大批人才，并委以重任，保举高官，以至“荐贤满天下”。这样，保举也就成为了曾国藩吸引人才、鼓励士气的主要手段。

曾国藩的保举，主要有汇保、特保、密保三种，它反映不同的情况、级别、待遇。湘军每攻占一城、夺回一地或打一胜仗，曾国藩就办一次汇保之案，在奖励作战有功人员的同时，也以劳绩奏保一部分办理粮台、文案、善后诸务的幕僚。

特保多以荐举之才的方式保奏，如咸丰十一年（1861）曾国藩以常州士绅办团坚守危城为由，一次就特保周腾虎、刘瀚清、赵烈文等六员。密保之案则专为立有大功或特别优异的人才个别办理，或专密折，或夹带密片，如保奏左宗棠、沈葆桢、李鸿章之密折待等。

汇保与特保皆属一般保案，人数较多，办理稍宽，只能保奏候补、候选、即用、简用之类，或仅保一官衔，且有时全准；有时议驳，或只批准一部分。因实缺有限而记名、候补之类无限，所以用汇报之案开空头支票就成为曾国藩乃至所有统兵将帅在战争期间鼓励士气的主要手段。这种办法初由曾国藩创立，但后来风行全国，愈满愈烈，成为晚清一大弊政。

密保是最容易得实位的一种保举方式。按照惯例，各省督抚每年年终要对司、道、府、县官员进行秘密考核，出具切实考语，“以备朝廷酌量黜陟”，故清政府对此极为重视，“措辞偶涉含糊，即令更拟”，官员的升迁黜皆以此为据，战争期间清政府基本上仍沿用此法，虽候补官员奏保甚滥，而实缺官员的补授则非地方督抚出具的切实考语不可。因这些考语是秘密的，任何人不得外泄。所以这种考核办法及其考语，称为密考。而依照此法保奏官员即称为密保。也正因为这一点，汇保一般只能得到候补、候选、即用、即选之类，而只有密保才能得到实缺官员，所以，曾国藩欲保奏实缺官员，就只有密保。咸丰十一年奏保左宗棠、沈葆桢、李鸿章等人的八字考语极有力量，说李鸿章“才大心细，劲气内敛”，左宗棠“取势甚远，审机甚微”。在左宗棠评语中，又加“才可独当一面”，沈葆桢“器识才略，实堪大用，臣目中罕见其匹”。清廷很快准奏，左宗棠授浙江巡抚，沈葆桢授江西巡抚，李鸿章授江苏巡抚，由此可见密保作用之大。所以曾国藩奏称：“臣向办军营汇保之案稍失之宽，至于密保人员则慎之又慎，不敢妄加一语。上年奏片中称‘祝垲在豫，士心归附，气韵沈雄，才具深稳，能济时艰’，虽不敢信为定评，要可考验于数年数十年以后。”

曾国藩奏保幕僚，按奏保方式可分为直接奏保、委托奏保和交互奏保三种。直接奏保即由其本人具折出奏。这种办法最为便捷，在受保幕僚中所占比例最大，但有时却不大方便。例如刘蓉和郭嵩焘二人，追随最久，功劳亦大，才能足任方面，曾国藩早想让他们升任高位。而碍于儿女姻亲，例应回避，不能由自己出奏，只好托人代办。第一次曾国藩打算将刘蓉送到湖北由胡林翼保奏，因故没有办成。其后骆秉章入川奏请携左宗棠同行，曾国藩留左而荐刘，终于达到目的，使刘蓉两年之中连升四级，由候补知府跃居陕西巡抚之位。郭嵩焘则先由李鸿章保为两淮盐运使，再托两广总督毛鸿宾奏保广东巡抚。有时是因事暂离，奏保不便，也托人代办。如同治四年曾国藩北上剿捻时，只带部分秘书人员随行，便将留在两江总督衙门中的幕僚一一托付给署理江督李鸿章，要他予以奏保。交互奏保亦是遇有某些不便而采取的一种权宜之计。例如，曾国藩担任两江总督后，欲整顿皖北吏治，又怕受到直接管辖这一地区的安徽巡抚翁同书的阻挠，便致函对翁有恩的湖北巡抚胡林翼，要求安徽与湖北间各举数员，交互奏保，庶几“交易而退”，各得其所，翁碍着胡的面子，不便拒绝，遂使曾如愿以偿。

幕僚追随幕主，出谋划策，出生入死，曾国藩自然酬以实惠，这也是赵烈文所说的“集众人之私成一人之公”的意思。曾国藩奏保幕僚是有条件的，那就是要确实为他干事，不怕艰难，不讲条件，否则，他是不肯保举的。刘瀚清的例子最能说明问题。刘是江苏武进人，原是湖北巡抚胡林翼的幕僚，负责草拟奏稿，很受胡的器重。咸丰七年（1857 年）四月，太平军席卷苏、常，胡林翼病情日危，刘瀚清身当幕主及形势危殆之时，辞归乡里，引起胡、曾的不满。胡林翼于同年六月奏保十六人，刘瀚清不在其列。同治元年（1862 年），刘瀚清进入曾国藩幕府，以后又随曾北上镇压捻军。但移督直隶时，刘又迟疑不肯随行。在曾国藩的眼里，刘是不能任艰巨的人，因此虽敬其有才，但也不保举。此外，还有三种人曾国藩不愿保奏，一是才高德薄名声不佳之人，一是才德平平迁升太快之人，一是个人不愿出仕之人。

第一种人如周腾虎、金安清等，往往一人保案，即遭弹劾，心欲爱之，实却害之。周腾虎刚受到奏保，即遭连章弹劾，遂致抑郁而死，使曾国藩大为伤感。曾国藩以后接受教训，对屡遭弹劾、名声极坏的金安清在幕中为他出力效命之时，力排会议，坚持只用其策，不用其人。第二种人如恽世临、郭嵩焘等，皆经曾国藩直接间接地奏保，于二年之内连升三级，由道员超擢巡抚，复因名声不佳，升迁太快而被劾降调。曾国藩亦从此接受教训，待同治四年（1865 年）九月清政府欲令丁日昌署理江苏巡抚而征询曾国藩的意见时，曾国藩即直抒己见，认为丁日昌难以担当此任，并提出自己的理由，结果，清政府接受了曾国藩的意见，随即撤销此议。至于第三种人，本人不愿出仕或不愿受人恩德，受保之后本人不以为恩，反成仇隙，颇令曾国藩伤心。

随着渐握实权，门庭广大，尤其是出任两江总督、钦差大臣后，曾国藩既有地盘又得清廷倚重，奏保候补官职自不待言，即请旨简放实缺，亦无不获准。这一时期，曾国藩奏保人数之多，官职之高，都是空前的。此时，清政府对曾国藩等人的奏请几乎有求必应，以至咸丰十一年至同治四年的五年之中，曾为曾国藩幕僚的五位道员皆被破格重用，分别超擢为江西、江苏、广东、湖南等省巡抚。李鸿章、沈葆桢、左宗棠三人，论资格都不够，沈、李是由道员直升巡抚，是军兴以来超升中极为少有的例子。左宗棠论出身只是个举人。三人任封疆大吏前，多属幕僚之类。恽世临半年两迁而至，郭嵩焘、李鸿章则二年之中连升三级，由道员位至巡抚。同治三年六月湘军攻占天京之后，清政府开始对地方督抚的权力略加限制。吏部颁布新章规定，凡各省保荐人员，寻常劳绩概不准超级保升及留省补用。对粮台保案挑剔尤甚，使曾国藩不得不变换手法，免遭部议。其后曾国藩奏保幕僚，多以整顿吏治、推荐人才为词。尤其北上与捻军作战和移督直隶前后，都曾奏保大批幕僚升任实缺。

法则 11

处事之道，合理运用人情世故

做到善解人意

人情通达，首要条件就是“善解人意”。如果你不能站在对方立场悉心为别人着想，就永远不会交到真正的朋友，即使勉强自己去亲近别人，也只是表面上的敷衍、应酬。久而久之，别人就能洞察你的客气和笑容完全是虚伪的交际、应付。

善解人意是一种人与人之间沟通的桥梁。要想成就一番事业，就必须学会理解，在理解别人的同时，也获得别人的理解，这样就能有效地防止人与人之间尖锐的矛盾，建立一种相互合作的人际关系，从而找到事业上的好伙伴、好帮手。

善解人意虽不是一件难事，但要做到面面俱到，倒也不是件简单的事，因为，通达人情，不能像演算数学一样，有一定的公式可参照。不过，人情在往来之中，应在某种程度上有其基本表现，它不但代表一个人的道德修养，还说明了这个人的聪明智慧，所以，如能真诚地做到理解他人、关心他人、爱护他人，那么不管我们出现在任何社交场合，都绝不会失礼。

我们来看看卡耐基的亲身体验，这是一篇关于卡耐基的亲历，更是警醒我们的座右铭。

多年来，我经常在我家附近的一处公园内散步和骑马，作为消遣和休息。我跟古代高卢人的督伊德教徒一样“只崇拜一棵橡树”。因此，当我一季又一季地看到那些嫩树和灌木被一些不必要的大火烧毁时，觉得十分伤心。那些火灾并不是吸烟者的疏忽引起的，而几乎全是由那些在公园野餐、在树下煮蛋和做“热狗”的小孩子们引起的。有时火势太猛，甚至要惊动消防队来扑灭。

刚开始，我并不去试着了解孩子们的想法，一看到树下有火，心里就很不痛快。

我总是骑马来到这些孩子面前。警告说：如果他（她）们使公园发生火灾，就要被送进监牢去。我以权威的口气，命令他们把火扑灭。如果他们拒绝，我就威胁说要叫人把他们抓起来。我只是尽情发泄我的怒气，根本没有顾及他们的看法。

结果呢？那些孩子服从了——不是心甘情愿而是愤恨地服从了。但等我骑马跑过山丘之后，他们很可能又把火点燃了，而且恨不得把整个公园烧光。

随着年岁的增长，我对为人处世有了更多的知识，变得通情达理，更懂得从别人的观点来看事情。于是，我不再下命令了，我会骑着马来到那个火堆前，说出这样一番话：

“玩得痛快吗？孩子们。你们晚餐想煮点什么？我小时候也很喜欢烧火堆，而且现在还是很喜欢。但你们应该知道，烧火在这个公园里是十分危险的，我知道你们几位会很小心，但其他人可就不这么小心。他们来了，看到你们生起了一堆火，因此他们也生起了火，而后来回家时却又不把火弄熄，结果火烧到枯叶，蔓延开来，把树木都烧死了。如果我们不多加小心，以后我们这儿会连一棵树都没有的。但我不想太啰唆，扫了你们的兴。我很高兴看到你们玩得十分痛快，可是，能不能请你们现在立刻把火堆旁边的枯叶子全部拨开。另外，在你们离开之前，用泥土，很多的泥土，把火堆掩盖起来。你们愿不愿意呢？下一次，如果你们还想生火，能不能麻烦你们改到山丘的那一头，就在沙坑里起火。在那儿起火，就不会造成任何损害……真的谢谢你们，孩子们！祝你们玩得痛快。”

显而易见，善解人意绝不是用来表演以求实利的，而是在日常生活中，体现人与人之间和谐相处的精神。

俗话说得好，“日久见人心”——人非草木，孰能无情？因此，当我们以诚恳真挚的心设身处地从别人的立场出发，同时也注意到每一个待人处事的细节，很自然地，别人会感受到我们的真情，也会伸出友善的双手，大家就能更友爱、更融洽、更合作，使人类社会更像一个大家庭！

能理解别人的人，必然在行动上宽容豁达、体贴别人，会赢得更多人的理解，从而树立一个良好的形象。

要想获得别人的帮助，必须要率先做到真心真意地善解人意。

学会理解别人

视对方的现实状况办事，还有重要的一条是不能犯忌，如果犯了所求对象的忌讳，恐怕该办成的事也难办成了。

对性格外向、爱好交际的人，在办公室与他们的谈话，一般不会有什么副作用，而对性格内向、胆小怕事和敏感多心的人则容易产生副作用。此时，就应当换个环境，在室外、院子里随便谈心，才容易达到说服的目的。

托人办事时只一味地谈自己的事，并不停地说“请你帮忙，请你帮忙”之类的话，会让人感到嫌恶、不耐烦的。

假如想把自己的请求向对方说明，就应该先摆出愿意听取对方讲话的姿态来，有倾听别人言谈的诚意，别人也才会愿意听你说话。

谈话的话题应该视对方的情形而定，再好的话题，若不能符合对方的需要，就无法引起对方的兴趣，最好是想办法引起彼此共同的话题来，才能聊得投机，然后再设法慢慢地把话题引入自己所要谈论的范围里。

在日常谈话中，一般人都是说些身边琐事，这或许想向对方表示亲切。在正式交谈中，希望你不要把老婆、儿女当作谈话的资料，否则总不免给人娘娘腔和不务正业的感觉。

谈话先从政治、经济等比较严肃的题目开始，然后再涉及文学、艺术和个人的兴趣方面等比较轻松的话题。总之，将自己的观点、见解堂堂正正地公布出来，使得彼此都能有共同的思想，才是最好的谈话。

一个善于托人的人，一定很注重礼貌，用词考究，不致说出不合时宜的话，因为他知道不得体的言辞往往会伤害别人，即使事后再想弥补也来不及了。相反，如果你的举止很稳重，态度很温和，言辞中肯动听，双方自然就能谈得投机，托办的事自然也容易办成。

所以要使对方对你产生好感，必须言语和善，讲话前先斟酌思量，不要想到什么说什么，这样会让别人皱眉头，自己却还不知道为什么。那些心直口快的朋友平时要多培养一下自己深思慎言的作风，说话切不可像随地吐痰似的，不看周围是何处便脱口而出，那样会影响到自身的形象和办事的效果。

遇事须多动心思

兵法中有一条：堡垒最容易从内部攻破。明里强攻不成，就暗中智取。

钟隐是五代十国时南唐的一位著名画家，家道殷实，倦于俗事，便学习前辈陶渊明做起隐士来。钟隐隐居山林修身养性。他最爱做的一桩事就是画画。画花竹禽鸟、山水人物，倒也自得其乐。不过，画了一段时间，钟隐就出现了“眼高手低”的毛病。他经过冷静反思认识到，毛病就在于自己画技贫乏；于是决定下山拜师学艺。下山后一打听才知道，当时画花鸟的高手叫郭干晖，此公笔墨天成，尤其擅长画鸷鹞。钟隐大喜，立即前往郭府拜师。

不料，郭干晖并非世俗中人，虽然身怀绝技，却不肯轻易授人，老先生作画时总吩咐下人把门关上，唯恐路上过往行人或是私闯进来的宾客，窥见一招一式。因此，钟隐兴冲冲来到郭府，连大门也没跨进，就让门房给轰了出来。

钟隐倒是很知趣，一拍脑袋把自己大骂一通：真是该死呀，该死！上山隐居后竟然把世俗的规矩都忘光啦，想当年孔夫子收学生，还要拎腊肉来，我怎么空着手就跑来了呢？

于是，钟隐回到家，叫人准备一车银子，风风光光地再次登门求见。谁知门房仍挡住不让进，还冷嘲热讽道：“你认为我们家老爷缺银子花吗？告诉你吧，我们家老爷随便画幅画，够你小子吃个一年半载的。还想到这儿摆谱了，也不看清楚是谁家的府第！”

没办法，钟隐只好拉着一车银子灰溜溜地打道回府。

投师不成，钟隐茶饭不思，夜不能寐。老话说：“天无绝人之路。”终于，钟隐想出一条妙计，既然正道走不通，那为何不走旁门左道呢？于是，他乔装打扮成一个小厮，毛遂自荐地跑到郭府要当奴仆，且一再强调只混口饭吃，不要工钱。他毕竟是个画家，化装后连门房都没认出他来。由于他要求不高，郭府又正缺人手，于是就被收留了。

钟隐一进郭府，就把上上下下哄得团团转，把那位郭老先生都给糊弄住了，老先生撤除了对他的所有防备，作画时竟然点名要他站在一旁研墨，根本没料到他是个“间谍”。

此时，钟隐可是称心如意啦，他可以尽情地观看郭老先生作画时的笔法用彩，没过多久，就把老先生那套密不示人的技艺烂熟于心了。

谁知，画技学得越多，越是技痒难熬。有一天，钟隐实在忍耐不住，乘兴在墙上偷偷画一只鸽子，神形俱佳。有人将此事向郭老先生报告，老先生闻讯去观看，一看就吓了一大跳，知道这绝非外行人所能画出来的。于是，招来钟隐盘问。

钟隐见纸包不住火，只好和盘托出，郭老先生听罢并没生气，反而大受感动：“相公为了学画，竟然不惜为奴，这叫老夫如何敢当？如此求学，真乃天下少见，老夫就破例把你收在门下吧。”

从此，郭干晖老先生与钟隐以师徒相称，一个纵论画道，密授绝技；一个潜心苦学，仔细揣摩。最后，钟隐深得其旨，技艺猛进，画有《鹰鹞杂禽图》《周处斩蛟图》等传于后世。这里钟隐运用了“同志之道，志同道合”的心理巧妙地感化了老师。

在感情账户进行储蓄

生活的经验是你必须在银行里储蓄足够的金额，当急需的时候，不肯增加储蓄而只想大笔支出的人是无人理会的，这样的银行账户是根本没有的。你毫无储蓄，到需要用钱时，也就必然无钱可用，只有欠债了。但欠债总是要还的，到头来还会债务重重，压得你喘不过气来。

人与人之间的关系也是这样。每个人的心中都应该有一个银行，都设有一本感情账户。而能够充实感情账户，使感情储蓄日益丰厚的，只能是你对他人真诚、热情的关心支持、帮助。互助互利是彼此信任的基石，没有较深的感情则没有彼此的信任。重视情感因素，不断增加感情的储蓄，就是汇集信任度，保持和加强亲密互惠的关键。

你在感情的账户上储蓄，就会赢得对方的信任，那么你遇到困难，需要帮助的时候，就可以利用这种信任，即便犯有什么错误，也容易得到别人的谅解；你即便没有说清楚，有点小脾气，对方也能理解。

这就是多开几个感情账户的好处。

这种互助互利不仅指物质利益，而且还有精神利益。作为被求的一方不一定非要你给他什么帮助和好处不可，而且人际交往的互利互惠也不同于做买卖那样必须等价交换、立即兑现。但作为求助者最好能让对方了解助人也会助己。

你请某人来帮助你搬家，说好干半天，他可能干了不到一个小时就走掉了；你拜托某人为你办理开办什么公司的手续，他也许只起了牵线搭桥的作用，具体的手续还要你自己去四处奔波……遇到这类情况，千万不要埋怨，不可指责对方说话不算数。因为事实上人家已经帮了一点忙，这就值得你表示认可和感谢。你感谢对方帮忙一小时，下回他可能会帮忙两小时，你感谢人家为你办手续探明了路线，下回他也许会好人做到底。

自己乐于助人，多主动帮助别人，会不断增加感情账户上的储蓄。如上所述，求人与被人求，是一笔人情账。尽管是人情账，无法精确地计算，但是也应当多开几个账户，存储更多的人情。

所谓的感情账户，储存的是增进人际关系不可或缺的“信赖”，也就是他人与你相处时的一分“安全感”。

能够增进感情账户“存款”的，是礼貌、诚实、仁慈与信用。这些会使别人对你更加信赖，必要时能发挥相当作用，甚至犯了错也可以用这笔储蓄来弥补。有了信赖，即使拙于言辞，也不至于得罪人，因为对方不会误解你的用意。所以，信赖可以带来轻松、直接且有效的沟通。

反之，粗鲁、轻蔑、威逼与失信等，会降低感情账户的余额，到最后甚至透支，人际关系就得拉警报了。

愈是持久的关系，愈需要不断的储蓄，由于彼此都有所期待，原有的信赖很容易枯竭。夫妻之间的过度期待，亲子关系的紧张，都是因为要求过多，而忘记了储蓄，发生了透支的情况。

想要拥有良好的人际关系，处理好婚姻、亲子、朋友等之间的关系。我们在感情账户里，可以存入六种主要存款：

一是理解别人。站在对方的立场想问题，是我们理解别人的基础，而理解别人又是一切感情的基础。生活中的很多关系，之所以出现问题，大多是因为人们总是站在自己的角度去要求别人，以自我为中心，人人都以自我为主，就会产生对立，从而发生分歧。

二是注意细节。在人际交往中，对于最熟悉或亲密的人，我们往往口不择言，不注意细节。但是一些看似无关紧要的小结，如疏忽礼貌，不经意的失言，却最能消耗感情账户的“存款”，让人心生嫌隙。

三是信守承诺。守信是一大笔收入，而背信则是庞大的支出。代价往往超出其他任何过失。一次严重的失信使人信誉扫地，再难建立起良好的互赖关系。

四是阐明期望。在婚姻关系中，我们常犯的一个错误就是：我不说，你应该知道我怎么想。即使关系再亲密，也不会变成你肚子里的蛔虫，能每时每刻都知道你的需求。

五是诚恳正直。诚恳正直可以赢得信任，是一项重要存款。即使这人善解人意，不忽视小节，也不辜负期望，可是行为不诚恳就可以使账户出现赤字。

六是勇于道歉。有句名言说“弱者才会残忍，只有强者懂得温柔。”

只要是人，就会犯错，这是很正常的。但很多人犯了错却放不下脸面道歉，让错误继续演化，就会让关系得不到修复。

人际交往是一件麻烦的事情，但正如书中所说，你不是一座孤岛。人是社会中的人，我们不可能脱离他人而存在，既然必须相处，必须打交道，就可以学习一些相处之道，在这个社会有一个舒服的存在。

我感觉自己在这方面需要改进，不要怕麻烦，怕别人麻烦自己，到自己需要的时候，也不好意思麻烦别人，与人长交往，真诚的交往，才可以让自己更好的生活。

法则 12

办事有章法，懂得高效做事“套路”

对症下药，请将不如激将

俗话说：“请将不如激将。”在交谈中，正确运用巧言激将法，一定能收到积极的效果。

巧言激将，一定要根据不同的交谈对象，采用不同的激将方法，才能收到满意的效果。犹如治病，对症下药，才有疗效。如把药下错了，就是于人无益，或是置人于死地，反而使事情向更坏的方向发展。激将法的用法很多，这里略举几种：

1. 直激法。就是面对面直出直入地贬低对方，刺激之，羞辱之，激怒之，以达到使他“跳起来”的目的。例如，某厂改革用人制度，决定对中层干部张榜招贤。榜贴出后，大家都看着能力技术俱佳的技术员小李。然而，由于某种原因，小李正在犹豫。一位老工人找了去，直言相激：“小李，你不是大学的高才生吗？大家巴望着你出息呢！没想到，你连个车间主任的位子都不敢接，真是个窝囊废！”“我是窝囊废？”话音未落小李就跳了起来，说：“我非干出个样儿来不可！”他当场揭榜出任车间主任。

2. 暗激法。这是有意识地褒扬第三者，暗中贬低对方，激发他压倒、超过第三者的决心。

如三国时，诸葛亮为了联吴抗曹来到江东，他知道孙权是不甘居人之下的人，于是大谈曹军兵多势大，说：“曹军骑兵、步兵、水兵加在一起有几万呐！”

孙权大吃一惊，追问：“这里有诈吧？”诸葛亮一笔一笔算，最后，算出曹军拥有几万。他说：“我只讲几万，是怕吓倒了江东的人呀！”这句话的刺激性可谓不小，使孙权急忙问计：“那我是战，还是不战？”

诸葛亮见火候已到，说：“如果东吴人力、物力能与曹操抗衡，那就战；如果您认为敌不过，那就降！”

孙权不服，反问：“像您这样说，那刘豫州为什么不降呢？”

此话正中诸葛亮下怀，他进一步使用激将法说：“田横，不过是齐国一个壮士罢了，尚且能坚守气节，何况我们刘豫州是皇室后代，盖世英才，怎么能甘心投降，任人摆布呢？”

孙权的火立刻被激了起来，决心与曹军决一死战。

激法的巧妙，就在于它是通过“言外之意”“旁敲侧击”的说法，委婉地传递刺激信息，人们都希望别人尊重自己，而有人在自己面前有意夸耀第三者，显然会对他起到一种暗示性刺激。

3. 导激法。激言有时不是简单的否定、贬低，而是“激中有导”，用明确的或诱导性语言，把对方的热情激起来。

例如，某校有一个调皮学生，学习成绩很差。一次，他打了一位同学，还自夸是拳击能手。老师叫住他说：“打架，算什么英雄？有本事你跟他比学习。你期末考试如果赶上人家，那才是真正的英雄呢。”一句话激得这个调皮学生发奋学习，后来，他果然有了明显进步。

登门拜访，叙旧迎新

有的人总怕麻烦，不愿打搅别人。所以，一年半载也不会去朋友家做客，近的不去，远的就更别想了，但是，登门去拜访拜访老朋友，叙叙旧，说不定还能碰到新的朋友呢，收获肯定会很大！

关于拜访的好处有很多：

其一，在对方住处谈话比在公共场所气氛更加融洽，使双方都在一种无拘无束的情调里面畅所欲言，并且比较容易接触到彼此的私生活，给大家的友谊发展做了更进一层的铺垫。如果能够常到对方住处去拜访，双方的关系会很快地密切起来。

其二，到对方住处去拜访，还可以有和他的家人接近的机会。如果我们同时也结识了他的父母、兄弟姊妹、妻子儿女，或是和他同住的亲戚朋友，那么，我们与对方的关系，就更和睦，更巩固了。

其三，容易对对方有较深刻的认识，因为对方所住的地方、对方的家人和对方家里的布置装饰等，都会使我们更加深入地认识对方、了解对方。譬如，对方家里有一架电子琴或高级音响，那多少可以知道他对音乐有兴趣。从对方所有唱碟的种类，又可以看出对方崇尚哪一种音乐，是古典音乐还是流行音乐，是中国音乐还是外国音乐。此外对方墙上所挂的图画、相片以及他所有的书籍、报章杂志、小摆设、纪念品等，都可以增进我们对他的认识。有时，对方向我们解说他的相册，那我们对他的过去也会得到更多的了解。

拜访朋友，会给你带来很多的好处，但是拜访一定要注意时间的合适性、距离的远近性、交谈的共同性、彼此的融洽性，等等。

1. 要选择合适的拜访时间

最好是在工作时间内，应尽量避免占用对方的休息日、休假日或午休时间，如果没有急事，应绝对避免在清晨或夜间去拜访。拜访之前，最好以电话或通信方式与对方联系，约定一个共同的时间，使被访者有所准备，不要做“不速之客”。最好讲明此次拜访需占用对方多长时间，以便对方安排好自己的事情。凡是约定的时间要严格遵守，提前 5 分钟或准时到达，以免对方等得不耐烦。如果因特殊情况不能前往，应及时通知对方，轻易失约是极不礼貌的。

拜访对方的时间，最合适的时间多半是在平日的晚饭后；避免在对方吃晚饭的时间去找他；如果对方有午睡的习惯，也不要在午饭后去找他；当然，更不要在对方临睡的时候去找他，一般在晚上 9 点半以后已经不适宜去访问了。

2. 开头的客套话少不得也多不得

一见面，朋友间肯定会说一些客套话，但是客套话一般只作为开场白，如果继续说个不停就不太妥当了。谈话的目的在于沟通双方的情感，在于增加双方的兴趣，而客气话则恰恰是挡在双方中间的墙，如果不把这堵墙搬走，人们只能隔着墙做极简单的敷衍应酬而已。

朋友初次见面略谈客套后，第二第三次的见面就应竭力少用那些“阁下”“府上”等名词，如果一直用下去，则真挚的友谊必然无法建立。客气话的“生产过剩”，必然损害轻松的气氛。

3. 说一些平常的话

著名作家丁·马菲说过：“尽量不说意义深远及新奇的话语，而以身旁的琐事为话题作开端，是促进人际关系成功的钥匙。”

一味用令人不懂与吃惊的话，容易使人产生华而不实、锋芒毕露的感觉。受人支持与信赖的人，大多并不属于才情焕发、一鸣惊人、博得他人喜爱的人。

尤其对一个初识者，最好不要刻意显出自己的显赫。宁可让对方认为你是个善良的普通人。因为一开始你就不能与他人处于共同基础上，对方很难对你产生好感。如果你摆出一副盛气凌人的样子，别人也会用同样的态度对待你。

4. 尽量谈一些共同的话题

任何人都有这样一种心理特性，比如，同乡或同一公司的人往往不知不觉地因同伴意识、同族意识而亲密地联结在一起，同乡校友会的产生正是因此。若是女性，也常因血型、爱好相同产生共鸣。

如果你想得到对方的好感，利用此种方法，找出与对方拥有的某种共同点，即使是初次见面，无形之中也会涌起亲近感。一旦缩短彼此心理的距离，双方很容易推心置腹。

5. 投其所好，“诱敌深入”

任何人都有自鸣得意的事情，但是，再得意、再自傲的事情，如果没有他人的询问，自己说起来也无优越感。因此，你若能恰到好处地提出一些问题，定使他欣喜，并敞开心扉畅所欲言，你与他的关系也会亲密起来。

去拜访别人的时候，一定要察言观色、投其所好，引导对方谈一些得意的事情，并时时给予好的评价。

6. 谈话也要有一些爱好

表现出自己关心对方，必然能赢得对方的好感。

卡耐基认为：在招待他人或是主动邀请他人见面时，事先应该多少收集对方的资料。这不仅是一种礼貌，而且可以满足他人的要求，使他感受到你的关心和热忱。

记住对方说过的话，事后再提出来当话题，也是表示关心的做法之一，尤其是兴趣、嗜好、梦想等。对对方来说，是最重要、最有趣的事情。一旦提出来做话题，对方一定觉得开心。

7. 惜时如金，适时告辞，不做难辞之客

若拜访目的是准备商量事情，那么事先要有打算，以免拜访时跑“马拉松”，若无要事相商，停留时间不要过长、过晚，以不超过半小时左右为宜。在别人家中无谓地消磨时光是不礼貌的。拜访目的已达到，见主人显得疲乏，或意欲他为或还有其他客人，便应适时告辞。

假如主人留客心诚，执意挽留用餐，则饭后停留一会儿再走，不要抹嘴便走。辞行要果断，不要“走了”说过几次，却口动身不移。辞行时要向其他客人道别，并感谢主人的热情款待。出门后应请主人就此留步。有意邀主人回访，可在同主人握别时提出邀请。从对方的公司或家里出来后，切勿在回程的电梯及走廊中窃窃私语，以免被人误解。

为人处世，学会换位思考

即使拥有最讲民主的上司，久而久之，也会产生一点屈就的心理。反过来，即使拥有最得力的助手，天长日久，也难免会有可挑剔的地方，由此而心生芥蒂，怎么办？——设身处地地为对方想一想。

商业上有种“角色扮演”的方法，让公司所有的成员都设身处地地体会一下别人的处境，理解别人的心理和行为，从而调节公司成员之间的关系。就是在短时间内，职员和经理换个位置，让职员来履行总经理的职责，而经理则来完成职员的工作，三天之后，不论是经理或职员都深有感触地说：“原来当经理（职员）也不容易。”“原来，当对方这么做时，我也会觉得不高兴。”

以后，工作中双方互相体谅，更愉快、和谐地工作。如：上司请他的秘书打印一份资料时，说“请你帮个忙”“辛苦你了”，职员感到自己的工作得到上司的重视和尝试，明知自己是受命于人，也会爽快地答应，工作的质量、效率能得到提高。

偶尔，上司说了什么不得体的话，办了一件令人费解的事，职员也能很宽容地表示理解。上下关系融洽了，工作起来也觉得有股使不完的劲。

某公司有一位主管把他自己负责的车间管理得井然有序，工人们严守纪律，自愿为公司效劳。每当他发现有人工作态度欠佳，或者是生产过程中出了什么差错时，他会在下班后，把那人叫到办公室，然后亲切地问他：“最近你家里还好吧？在我的印象里，你一直都是严守纪律，工作热情高而且技术不错的人，把工作交给你，我很放心，希望你能再接再厉。”话到此，那位职员早已是羞红了脸，非常诚恳地跟主管交代原因并道歉，以后再也没有出现过类似的毛病了。

如果你作为一名职员与上司闹僵了，或者作为一名上司与下属吵架了，你不妨运用这种“角色扮演”的办法，设身处地地想一想：如果我是对方，在当时的环境下我说不定也会这么做。设身处地体谅和尊重对方，建立一个温馨和谐的工作环境。

礼物是传达感情的桥梁

中国人素来崇尚友情，互相送礼更是友情交流的一种方式，这种礼尚往来，已经成为中国上下五千年的一个传统。

唐朝有个封疆大吏，他派一个叫缅伯高的人去给皇帝送礼，礼物是一只天鹅。这位老兄途经沔阳时想给天鹅洗一个澡，哪知，一不小心让天鹅给飞跑了。送给皇帝的“贡品”弄丢了，岂不该有杀头的罪过，吓得他号啕大哭，越哭越伤心，伤心之后，却想出了首打油诗：“将贡唐朝，山高路遥，沔阳湖失去天鹅，倒地哭号号，上复唐天子，可饶缅伯高，礼轻情义重，千里送鹅毛。”据说，他后来真把鹅毛并这首打油诗送给了皇帝，皇帝被这个故事感动了，不但没杀他，还拿美酒款待了这个马大哈。这便是“千里送鹅毛，礼轻情义重”的来历。

世事洞明皆学问，人情练达即文章。在复杂的社会里，要求得一席之地，就必须通晓人情世故，而要懂得人情世故，首先必须知“礼”。所以，孔子说：“不学礼，无以立。”

知“礼”之后，即懂得进退之道、处世之略，使你在人生奋斗的旅途上减少严重的伤害，创美好前景时得到较多的帮助，所以说，礼虽不大，用途可大。

具体一点说，在礼节的范畴里，送礼就是最能表现人情的方式。逢年过节送给长辈、老师、上司一份礼物，恭贺他节日愉快，对方必定欣然接纳，并会在内心称赞你的有“礼”；朋友结婚、生子，备上一份礼，并附上几句祝贺之词，必给对方带来无比的感动，在感念你的体贴周到之余，彼此友谊也会因此增强；至于太太或女朋友，她的生日或属于你俩的纪念日，一份别出心裁的礼物，尤其能使爱情升华。

由此可见，送礼虽然表面上是“施”，实际上却是“爱”。因为亲朋好友都接纳了你的情意，你在他们心目中已投下了“富有人情味”的印象，有人情味的人，必然受到人们的喜欢。

礼物是传达感情的桥梁。任何礼物都表示送礼人特有的心意：或感谢，或祝贺，或尊重，或爱或友情。所以，我们选择的礼物必须能够表达自己的心意，并使受礼者觉得礼物非同寻常，倍感珍贵，以达到增强情谊的目的。人情往来中，最好的礼品是那些根据对方兴趣爱好选择的、富有价值而耐人寻味的礼品。比如，我们为住院朋友送去一枝康乃馨，定会使对方心情放松，增强战胜疾病的信心；为远方的同窗寄一册母校的照片，定能唤起他对学生时代的美好回忆；给爱好文学的朋友送上一套名著，必然使其欣喜若狂、爱不释手……

千里送鹅毛，礼轻情义重。在打造朋友圈王国的过程中，我们一定要做个有“礼”之人，人不到礼到，结交新朋友，不忘老朋友。如此我们的朋友圈才会越来越坚固。

法则 17

说服讲方法，让对方咽掉“不”字

引经据典，赢得他人认同

经典之所以称之为“经典”，是因为它成功地经受住了时间的洗礼，被证明是权威的、令人信服的言辞和观点。因此，经典的说服力，毋庸置疑。当然，也正是因为经典有着巨大的说服力，才经常被高明的演讲者作为论据，以增加自己语言的说服力。这种引用，就是说服中的“引经据典”。说服高手善于通过引经据典来获得别人的认同。

2008 年 5 月，俄罗斯新任国家元首梅德韦杰夫到北京大学演讲。他在礼堂内 600 余名北京大学师生代表面前，阐述了未来俄中发展战略合作关系的设想和希望。这位被称为“爱引经据典”的元首，在演讲中就不时地从中国的传统文化中引经据典，比如，《论语》中的“学而时习之，不亦乐乎”，还有老子的“使我介然有知，行于大道，唯施是畏”，甚至连中国的俗语也引用到自己的演讲中：“中国有句话‘长江后浪推前浪，世上新人换旧人。’高等学府培养了一代代学者和思想家，他们肩负着科学、经济、政治、文化领域创造新成就的责任。”

梅德韦杰夫引经据典的演讲，为他赢得了北大学子们一阵又一阵雷鸣般的掌声。日常交流中，引经据典同样有着不可低估的作用。

在与他人的沟通中，要想在对方的心中留下一个好的印象，除了外在的形象之外，个人的文化素质也是一个重要因素。而文化素质则需要通过语言来体现，正确地引经据典，则可以提升自己的语言魅力。当然，在引经据典时，一定要做到准握准确，避免出现低级失误，弄巧成拙。

1. 核实原文出处，不要张冠李戴

如果同一句名人名言，可能有许多名家都引用过，那你在引用的时候一定要追根溯源，应该用最早的那位名人说的话。或者某句名言明明是这个人说的，你却把它说成是那个人说的，那就贻笑大方了。引经据典，最忌讳的就是张冠李戴。比如，部尔卫说的“人所缺乏的不是才干而是志向，不是成功的能力而是勤劳的意志”。你就不能把它当作是爱迪生说的，否则就可能导致整个谈话过程的失败。再如，某句话明明是老子说的，你却说是孟子讲的，非但很难产生说服效果，甚至连之前大家认同的观点，都觉得你是在“胡说八道”。

2. 正确领会原文，不要断章取义

因为同样是说一句话，原著者的意图可能是讽刺，是反意，当然也有可能乍一看上去是反意，但仔细一品味却是褒义。如果你在引用的时候没有弄清楚原著者的本意，就随意地拿过来用，很容易歪曲原意，这对于说话本义也很不利，容易被人驳倒。因此，在引用之前，一定要仔细分析原文的意思，弄通弄懂之后才能加以引用。比如，有一句经典话是“成功是靠 99% 的汗水 +1% 的天赋”，其实后面还有一句，“但很多时候这 1% 的灵感比 99% 的汗水更重要”，如果只强调前面的一句，那就断章取义了。

3. 尽量引用原文，不要以讹传讹

事实上，随着历史的发展，文化的变迁，经过时间的洗礼，有很多经典的话，如今已经出现了许多不同版本的说法，这就要求我们在引用时，要尽量地引用原文，不要以讹传讹。

引经据典，可以显示的自己的博学，但在辩论或是探讨中，引经据典要适度，不要过分堆砌名言警句，否则，都是别人说过的话，怎么体现你的观点？没有自己的观点、思想，只推崇那些有思想人的话或写过的书，就谈不上演讲的语言魅力了。

关键时刻，要用事实说话

关键事实必须满足以下条件：真实、来源可靠、彻底驳倒对方。

关键事实一经得到认可，那么按照逻辑，辩论者只需得出结论，即证明对手的立场是错误的。如果对方继续坚持自己的观点，那么这证明他们已经失去理性，怀有偏见，而且不可理喻。

关键事实可能单个出现，也可能成组出现。比如说，英国某议员要反驳一个观点：“外国移民拖累了我国经济”，那么关键事实应该是：“国家统计局的数据显示，在过去的一年中，10% 的国民总收入来自外国侨民的贡献。”为了使数据容易为听众所理解，他要马上补充道：“这就意味着，他们每年给这个国家的每个男人、女人和孩子 1600 英镑。”最好再列出一组关键事实：“国外侨民为英国经济所做的贡献相当于七个北海油田之多。”并且再加上一笔：“这些侨民向国库支付的税收比他们的索取要多得多，去年他们就多付了 26 亿英镑。”经过这组论述，听众可能并不相信这组事实的数据（尽管他们这么做没有什么理由），但只要他们真正接受了这些事实，他们就必须会得出结论：国外侨民并不是英国经济的负担。

面对那些态度中立、甚至怀有敌意的听众，你应该直截了当、毫不掩饰地使用关键事实。你要提醒听众，下面你将给出关键事实，并要求他们注意听好。你可以说“你们经常听说 ××，这是不对的。下面我就要反驳它，事实是这样的……××与事实相去甚远，实际情况并非是 ××”你要尽量重复“事实”这个词，它可以帮你赢得听众的尊重。“事实表明”比“统计数据表明”或“科学证明”来得更有效，而上述说法又远远优于“专家证实”。

但是，面对比较友好的听众应当在不知不觉中向他们灌输关键事实，等积累到一定程度，他们突然会意识到自己已经“中招”，这种做法的效果更佳。如果你的关键事实正在挑战听众的传统思维，那么上述方法就显得尤为有效。

如前所述，只有某个事实的结论具有必然性，这个事实才能成为关键事实。科学家始终在寻找这样的事实。甚至有人断言，科学理论的发展就是为了使普通事实转变为关键事实：溶液颜色变红，那么该溶液必然是酸性溶液。你很难找到如此绝对和完美的事实，很多时候，你不得不依靠一个有缺陷的事实。所谓有缺陷，是指它可以破坏对方的观点，但却无法完全将其摧毁。一个关于有缺陷事实的范例是，你针对对方的一般命题提出了单一性的反例作为回击。例如，你要反驳“女人永远不可能成为强有力的国家领导人”的观点。你可能脱口而出“玛格丽特·撒切尔夫人”。根据形式逻辑，这的确是一个关键事实（它的确推翻了这种普遍论调），但在日常生活中，它只能算是一个有缺陷的事实。因为对方仍然可以称撒切尔夫人为“例外”。如果你给出更多的反例，如甘地夫人、庇隆夫人以及武则天、凯瑟琳女皇、伊丽莎白一世、圣女贞德等，那么这一缺陷将越来越深，深到无法收拾的地步。

无论你所引用的事实是关键的还是有缺陷的，你都必须保证它是真实可信的。关键事实应该与辩论主题有关，而且要说明对方的真实观点，而不是你自己杜撰的观点。

讲好故事，才能说服他人

我们在解决问题的时候，可以用逻辑、用理性，然而，当我们要去影响别人、让他们认同我们的时候，除了逻辑，我们还需要故事。因为只有故事，才能达到共情，建立人与人之间的链接，让他们站在你这边。

因为人类有一个弱点：不愿意接受现成的“答案”，人们更喜欢自己通过某种途径去思考，然后自己悟出答案！所以，你要讲故事让他去思考，他的感受会更深刻！

古时候，犹太人中流传着这样一则故事：

真理，她一丝不挂，饥寒交迫。村里没人肯收留她。她的赤裸让人们不寒而栗，不敢直视。

寓言，发现了真理，见她蜷缩在一个角落里，战栗着，饥肠辘辘。寓言心生怜悯，扶起她，将她带至家中。

寓言用“故事”这件外衣，把真理严严实实地装扮起来，待她暖和过来，将她送出门外。

身披故事的真理，再次叩响了村民的大门。人们见她不再赤裸，马上将她热情地迎进门，并且盛情招待。后来，家家户户纷纷邀请真理到家中喝茶做客，把屋里的炉火烧得旺旺的，把可口的美味捧出来，他们以能够邀请到“真理”为荣！

是的，真理，有了“故事”这件外衣才有力量！

在你想说服别人的时候，没有比讲故事更为有效的方法了。有时候真话会刺痛别人，需要你用故事来包装你的真话，因为故事没有那么直接，会更婉转。

运用故事思维，实际上是将道理、事实、需求等必要信息，从多个维度丰富起来，关注人们的情感因素，关注细节，让人们能够从听觉、视觉、情感、想象等多方面来共同体验，得到更真实丰富的多层次的感知。

我国古人很懂故事思维，触龙说赵太后的故事，就是一个非常成功的运用故事思维的例子。

战国时期，秦国攻打赵国。赵国向齐国求援，齐国要求以赵太后的小儿子长安君为人质。赵太后宠爱小儿子，拒绝要求，并拒绝大臣的劝谏。

触龙面见赵太后时，没有开口就强行劝谏，他理解赵太后的做法都是出于爱子心切。于是他先询问赵太后的身体状况和饮食，这种诚恳的关心让赵太后的抵触情绪缓解下来。紧跟着，触龙提出提携自己儿子的要求，这让赵太后产生了“可怜天下父母心”的认同感和亲切感，放下了怒气和敌对情绪。

随后，触龙提出“爱护子女就要为子女从长远考虑”的观点，并拿出其他王侯子孙没能维持长久富贵的例子做解说，委婉地道出长安君到齐国为质这件事对赵国和长安君个人将来的意义和长远的好处。触龙的话，都是从赵太后自身的角度和利益出发进行考虑，这种同理心让赵太后顺利接受了他的劝谏。

赵国的其他大臣都直言劝谏，没能说服赵太后，因为他们只注重道理的正确性，却忽略了赵太后作为一个母亲的个人情感因素，把国家利益与赵太后的情感对立了起来，形成矛盾。触龙采取讲故事的方法，对症下药，从赵太后的个人健康和母子感情角度入手，把互相对立的劝谏关系，转化为情感的理解和引导，帮助赵太后把情感与国家和子女的利益统一起来，化解了矛盾，顺利达成劝谏目的。

说服高手都善于通过讲故事来阐述自己的观点，用故事打动人，用故事提升说服效果。当然，好的故事除了有趣、有料外，还要有如下几个特点：

1. 篇幅小

现在的人们生活节奏加快，听故事的心态和审美不一样了。同样是半个小时，过去你可以像说书一样，讲一个很长的故事，或者只讲故事的一个开始，人们也会饶有兴趣地倾听。现在，现在很少有人会耐着性子听你“说书”。平时，讲故事不要长篇大论，最好三两分钟讲完，讲的时间长了，对方会逐渐失去耐心。比如，20 分钟的交流，你用 15 分钟来讲故事，即使故事很感人，很精彩，那你怎么来陈述你的观点？故事讲得好不好，不只在于情节，也在于篇幅。

2. 听得懂

小刘出国待过一段时间，英语有了一定的长进。回国后，经常参加一些朋友圈的活动，他说话的最大特点，就是“中英结合”，一次，他讲起自己在国外的经历时，喜欢每句话中都掺杂一些英文单词，如：我那时觉得这个 idea（主意）很 nice（不错），所以我就 call（打电话）他……自己觉得这样说话很有范儿，很时尚，其实大家的意见很大：洋不洋，土不土，这也算一种语言风格吗？

讲故事不能像说书，故事除了要简短，还要通俗易懂，在情节与语言的编排上不要一味追求新、奇、特，不要过分包装你的故事。否则，最后搞得大家都听不懂，或是理解出现偏差，那这个故事就讲烂了。这就像有些人讲话，总是爱用一些“时髦”的词语，结果说出的话不伦不类，让人觉得怪怪的。

3. 记得住

什么样的故事最容易让人记住？肯定情节是简单的。再长、再曲折的故事，其实都可以浓缩成一个小故事，即把故事的几个要素表达清楚，适当丰富一下情节，故事就很完整了。在演讲时，不要把故事往复杂、啰嗦里讲，你讲的越简单，听众越容易记。比如，你讲自己经历的一件事时，不要做太多铺垫，情节也不要展开来讲，也不要牵扯太多的人物，把主要情节交代清楚就可以了，否则，听众抓不住重点，还可能觉得你说话绕。

4. 有共鸣

故事一定要符合对方的口味，讲过之后，要能够引起对方思想或情感上的共鸣。这样的故事就是好故事。那什么样的故事最容易引起人们的共鸣呢？肯定是有杀伤力的，有杀伤力的故事主要有三种：悲伤的故事，高兴的故事，感人的故事。

想让别人信任你，首先要让他们知道你是谁，你的故事是什么。讲好故事，才能抓住说服的魂——故事可以从逻辑上串联起点、线、面、体，只有点、线、面、体都有了，那你展示的就不再是一个抽象的观点，而是一个丰富的世界；故事可以渲染主题，可以影射观点，可以引发共鸣，当把故事放在一个特定的氛围中去讲，更能增加语言的高度、厚度、深度和力度。

可以说，任何想要说服别人、激发对方情感的场合，你都需要讲故事。以故事喻理，以故事煽情，不但会提升语言的感染力，也会得到很好的启示、说服效果。

循序渐进地说服别人

说服不能一蹴而就，你去说服别人，别人条件反射似的会产生反说服的心理，结果你越努力却加强了对方反对的决心。循序渐进、诱导的方式就成为说服中不可缺少的方式。

1. 设法先了解对方的想法与凭据来源

曾经有一位很优秀的管理者这么说：“假如客户很会说话，那么我就有希望成功地说服对方。因为对方已讲了七分话，而我们只要说三分话就够了！”

事实上，很多人为了要说服对方，就精神十足的拼命说，说完了七分，只留下三分让客户“反驳”。这样如何能顺利圆满地说服对方？所以，应尽量将原来说话的立场转变成听话的角色，去了解对方的想法、意见，以及其想法的来源或凭据，这才是最重要的。

2. 站在对方的立场

例如，当你感觉到对方仍对他原来的想法保持不舍的态度，其原因是尚有可取之处，所以他反对你的新提议时，最好的办法，就是先接受他的想法，甚至先站在对方的立场发言。

“我也觉得过去的做法还是有可取之处，确实令人难以舍弃。”先接受对方的立场，说出对方想讲的话。为什么要这样做呢？因为当一个人的想法遭到别人一无是处的否决时，极可能因为维持尊严或咽不下这口气，反而变得更倔强地坚持己见，排拒反对者的新建议。若是说服别人落到这地步，成功的希望就不大了。

某家电器公司的推销员挨家挨户推销洗衣机，当他到一户人家里，看见这户人家的太太正在用洗衣机洗衣服，就忙说："哎呀！这台洗衣机太旧了，用旧洗衣机是很费时间的。太太，该换新的啦！"

结果，不等这位推销员说完，这位太太马上产生反感，驳斥道："你在说什么啊！这台洗衣机很耐用的，到现在都没有故障，新的也不见得好到哪儿去，我才不换新的呢！"

过了几天，又有一名推销员来拜访。他说："这是令人怀念的旧洗衣机，因为很耐用，所以对太太有很大的帮助。"

这位推销员先站在太太的立场上说出她心里想说的话，使得这位太太非常高兴，于是她说："是啊！这倒是真的！但我家这部洗衣机已经用了很久，太旧了点，我倒想换台新的洗衣机！"

于是推销员马上拿出洗衣机的宣传小册子，提供给她做参考。

这种推销说服技巧，确实大有帮助，因为这位太太已被动摇转而产生购买新洗衣机的念头。至于推销员是否能说服成功，只不过是时间长短的问题了。

善于观察与利用对方微妙心理，是帮助自己提出意见并说服别人的要素。

一般来说，被说服者之所以感到忧虑，主要是怕"同意"之后会发生意想不到的后果，如果你能洞悉他们的心理症结，并加以防备，他们还有不答应的理由吗？

至于令对方感到不安或忧虑的一些问题，要事先想好解决之道，以及说明的方法，一旦对方提出问题时，可以马上说明。如果你的准备不够充分，讲话时模棱两可，反而会令人感到不安。所以，你应事先预想一个引起对方可能考虑到的问题，此外，还应准备充分的资料，给客户提供方便，这是相当重要的。

少说“我”，多一点共同意识

心理学家指出，在每个人的潜意识里，都存在着或多或少的自我意识，因此，每个人都不希望被人指使。如果对方意识到你是在说服他时，他的自我意识会变得非常强烈，本能地与你对抗。

古今中外，有很多有名的演说家，他们在演说时往往能够与听众打成一片，造成一种“一振臂而应者万千”的场面。他们都能够营造一种气氛，使听众在这种气氛中轻而易举地接受自己的观点。

他们之所以能够在演说中牢牢地抓住听众的心，是因为他们使用的言辞和他们演讲时的态度，能够很好地引起听众的共同意识。那些比较明智的演说家在演讲时，往往不会说“我”“我的”之类主观性比较强的字眼，而经常使用的是“我们”“我们的”“我们大家”等可以将听众和自己拉近的字眼。这样，就可以使自己演讲的内容与听众息息相关，只需简单的几句，就可以拉近听众的心，使每个人都有“真是这样”的感觉。

如果你细心看一看西方一些国家领导人的竞选演讲稿，就会发现，他们面对选民演讲时，都会尽可能用一些能体现“共同意识”的词语。以尽可能多地赢得支持。这些词语包括“我们”“我们大家”等等。比如，他们会说：“我们要尽早将牛肉自由化，使大家都能够吃到廉价的牛肉。为了达到这一目标，我们就要行使我们的共同权力。”这样的话很能打动人心，很容易让听众产生一种同甘共苦的感觉。

在每个人的潜意识里，都存在着或多或少的自我意识，反映在语言逻辑方面，就是不希望听到被人指使、命令等词或句。如，你讲“你听我说”“我的意见是”“我认为”等，易引起对方的警戒与反感，而且你越是这样讲，越容易激起他潜意识中的对抗。有些人为什么爱和人抬杠，往往就是因为他秉持这套思维逻辑：你越是强调“我”，我越是不服你。在这种情况下，你的解释、说明，可能会被认为是狡辩，是在驳斥他。所以，高明的说服者，往往不会过分强调自我，会小心翼翼地使用“我”这个词。

在说服自我意识较强的人时，要不失时机地多说几个“我们”“我们的”，这样，就会在语言上把大家“捆绑”到一起，让对方觉得你和他的利益、观点一致，至少你没有把他推向对立面。大家一个鼻孔出气，站在同一条战线上，那他原本坚硬的防御堡垒，也会在不知不觉中自动地消除。

所以，在向别人提建议或意见时，一定要少使用“我”“你”，而要说“我们俩”，或者说“咱俩”，这样，就可以使对方觉得有些事情只有他和你可以分享，从而增进了你们之间的亲密感，并且会让对方产生你我一体的共同意识。

总之，自我意识存在于每个人的头脑之中。因此，当你试图说服对方时，一定要使用“我们”“我们大家”之类的字眼，让对方的自我意识与你的自我意识合二为一，形成共同意识。这样，对方才会相信你所说的话是从你们的共同利益出发的，也才会接受你的观点。

“利”字当头，说啥都有理

当你试图劝说一个人去做某事时，最好先问问自己：“如果是我，我会在什么样的条件下才去做？做这件事，会让对方得到什么好处？”

在日常的交往中，善解人意的人总能够赢得人们的喜欢与信任，因为他们能够站在对方的立场上，设身处地地为对方着想。基于这种情况，在说服别人的时候，如果能够站在对方的立场上，为对方的利益打算，势必会取得事半功倍的效果。

在这方面，人际关系大师卡耐基堪称高手。他正是通过这种方式，让旅馆经理打消了加租的念头。

卡耐基每季都要在纽约讲授社交训练课程，并且，他会在同一间大旅馆租用礼堂，每次租用 20 个晚上。

有一个季度，当他把入场券印好散发出去就要开始授课时，忽然接到旅馆经理的通知，要求他付比原来多三倍的租金。

为了保证授课的顺利进行，卡耐基决定去与旅馆经理交涉。去之前，卡耐基先认真地想了想：通过加租他们得到了什么，又失去了什么？怎样才能说服他们呢？两天后，卡耐基走进了旅馆经理的办公室。

“我接到你们的通知时，有点震惊。”卡耐基开门见山但十分客气地说道，“不过这不怪你，假如我处在你的位置，或许也会写出同样的通知。你是这家旅馆的经理，你的责任是让旅馆尽可能地多赚钱，不然，你的位置将会被别人取代。但是加租在对你们有利的同时，也给你们带来了损失。”

“先讲有利的一面吧。”卡耐基说，“大礼堂不用来讲课，而是用来举办晚会、舞会之类的活动，那你就可以大大获利。因为这类活动举行的时间一般不长，并且，每举行一次都会收到很高的租金，这比租给我可要有利得多。”

“这我知道，”经理说，“但我不明白，我们的损失又在哪里？”

“你增加我的租金，实际上是降低了收入。因为你把租金提高了，我就会找别的地方举办训练班，这对你们来说是不利的。你想想看，我举办的这个训练班，每次都吸引成千上万的有文化、受过教育的中上层管理人员到你的旅馆来听课，这对你们来说，难道不是起了不花钱的活广告作用了吗？试想，即便你花5000元在报纸上登广告，也不可能邀请这么多人亲自到你的旅馆来参观，可我的训练班却给你邀请来了。这难道不是很合算吗？”

“请仔细考虑后，再给我一个答复吧。”说完，卡耐基便告辞了。

经理认真思考了卡耐基的话，最终让步了。

在整个的谈判过程中，卡耐基始终没有谈到自己想要什么，而只是站在对方的立场上，关心对方的利益得失，最终说服了对方，也达到了自己的目的。

可以设想，如果卡耐基气势汹汹地跑进经理办公室，提高嗓门与经理大声争吵，势必不会取得令人满意的结果。就算他争辩胜利了，旅馆经理自尊心受到伤害，也不会收回加租的决定，这对双方都是不利的。

无独有偶，战国时，李斯也是靠站在对方的立场上谈利益得失，说服秦始皇收回“逐客令”。

战国时，秦国由于地处周王朝西部国境，连年战争不断，导致秦国本地人文化水平不高。所以秦国的高层一般由其他六国人担任，因此引起了秦国本土势力的深深不满。

有一年，秦国有个叫郑国的韩国水利工程师，在秦国当间谍被抓了。这就给秦国本土势力一个很好的借口。

他们向秦始皇进言，说：“只要不是秦国人，就根本不会爱秦国。更别提他们能真心诚意地效忠秦国。所以，应该把所有的六国人统统赶走。”

李斯是楚国人，也在被驱逐之列。他听说这件事后，就对秦始皇上了一封奏书，说：“现在将秦国高层中的六国人统统赶走，这些人就只能回自己的国家，被自己的诸侯国所用。秦国对六国人的态度如此，想要来秦国效忠的六国人会裹足不前。这样，其他诸侯国就得到了大量的人才，秦国会失去大量的人才，这不是给别国送武器来削弱自己吗？削弱自己也就罢了，被驱逐的人不免心生怨怼，被其他诸侯国利用来对付秦国，到时候秦国还能完成统一大业吗？”

秦始皇听从了李斯的建议，撤回了“逐客令”。

李斯眼看就要被赶走，他明白秦始皇想要统一中国的理想，上奏书提出逐客对秦始皇实现统一大业的危害，即站在对秦始皇有利的观点上进行劝说的。

劝说别人的关键，就是要设身处地地为别人着想，了解别人的想法与观点。如果一味地从自己的角度出发，往往会陷入抬死杠的陷阱。毕竟，你自己怎么样，和别人没有什么关系，只有站在对方的立场谈利益得失，让他相信“听我的，对你更有利”，才会避免在说服过程中各讲各的理，谁也下不了台。

在问题中框定你的答案

在日常生活中，我们经常需要去说服别人做一些事，或者在意见不合时，想让别人听从我们的意见。这时，如果向对方提问的时候，以选择题代替是非题，会产生非常好的说服效果。

许多人都有这样的体会，当自己在麦当劳点餐时，若告诉服务生：“我要一个汉堡、一杯可乐。”

服务人员会回应着说：“是！您要一个汉堡、一杯可乐。另外，请问要中薯（薯条）还是大薯？”

于是你接着回答：“中薯吧！”

这就是非常高明的“说服术”，对方不问你“要不要薯条”，而是要你在两个答案之间做一个选择：“中薯还是大薯呢？”

在说服时，如果存在多种选择或者犹豫不决时，作为说服者，你可以采用故意缩小选择范围的提问方式，来让对方做出你预期的选择，这种方法也叫封闭式提问，只让对方回答“是”或者“不是”，来达到你问话的目的。比如你希望约见一个人的时候，如果你只是问对方有没有时间，那么对方的回答只能是“有”或者“没有”，而你要是问到对方：“你是明天有时间还是后天有时间？”那么对方一定会顺着你的思路来回答，答案可能是“明天下午吧”，或者“下周”。这样，你就掌握了主动权。

再如，你去吃板面，人家问你“加两个鸡蛋还是一个鸡蛋”，你说“要一个吧”或者说“要两个吧”。其实你可以选择不要，但他没有给你这个选项，当时只给了你两个选择，你就会下意识地把其他的忽略掉，然后你就进“坑”了。

在实际生活中，我们经常会深陷这种套路之中，领导想激励你努力工作，他会先让你做一道选择题：

A：人生前三十年很辉煌，后三十年很落魄。

B：人生前三十年很落魄，后三十年很辉煌。

你会选择哪个？ 90% 以上的人都会选择第二个，因为人到老年再很落魄会让人难以接受，但前面还年轻就没事，虽然都是三十年，但使用好了给人的感觉是不一样的。

其实，领导知道你肯定会选 B，所以，设定了这么一个框架。当你选择了 B，也就说明你认可了 B 表述的观点，这也正是领导要说服你的一个论点。而且，他已经为这个论点准备了充分的论据，所以作为下属，你一旦选择了 B，也就意味着你已经被说服了。

在说服他人的过程中，我们也要学会使用这种逻辑，能问封闭性的问题，不问开放性问题，能让对方做选择题，不让他做是非题。你如果在向顾客推销一种商品，最好不要问“你要不要买”，应该问：

“你喜欢 A 款还是 B 款？”

“你要二个还是三个？”

同样的道理，像“有没有空”“有没有时间”“去不去”……这样的问题要尽可能少问。像问一个人去不去看电影，你会得到两个答案：去或不去；要问：“我们周六去看电影还是周日？”给他一个机会选择。

在使用这种说服方法时，要注意哪些问题呢？

首先，要注意使用时间。一般，在说服没有进入最后阶段时，不要动不动就让对方做选择题。因为这个时候，对方不知道你要和他沟通什么，你表述的观点是什么，或者说，他对你还没有产生兴趣，你突然问他“你打算什么时候买保险”，“你是今天定签单，还是明天签单”，会显得很唐突，如此只会碰一鼻子灰。所以问二选一的问题要讲究时机和顺序。

其次，在对方缺少回应的时候，要用封闭式问题打开话题。你表达一个观点，对方没有回应，或是不感兴趣，那再聊下去就会把问题聊死。这个时候，要会提问，可以问："有人说这个问题这可以样看……有人说应该这样来理解……你的观点呢？"如此，就把话题聊活了。

所以，高明的说服者在说服过程中，善于给对方出一道答案相对可控的选择题，以引导对方的思路顺着自己的逻辑走，从而改变他的观点或做法。

巧设悬念，让说服更有诱惑力

在说服他人时，巧设悬念是很最常用的一种方法。说话者“故弄玄虚”，布下疑阵，给别人造成一种猜疑和紧张的心理状态，使人在心理上掀起层层波澜，激起别人急于知道答案的欲望，最后再用关键性话语一语道破，让人恍然大悟。

古人云：“文人看山不喜平。”大多数人都是这样评价说话高手的：“看，他多有智慧。”“看，他一开口就妙语连珠，表达观点的方式非常新颖，总能让你有意想不到的发现。”这就是设置悬念表现出来的说话效果。

苏州园林网师园有一个“月到风来亭”，此亭傍池而建，面东而立，亭后装有一面大镜子，将前面的树石檐墙尽映其中。

有一天，一名导游带领游客到此游览时，这位导游对大家说：“每当皓月当空的夜晚，在这里可以看到三个月亮。”此话一出，引起了众游客的极大好奇：天上一月，池中一月，怎么会有第三个月亮呢？当游客的脸上露出迷惑不解的表情时，这位导游才一语点破：“第三个月亮在镜中。”

众游客顿时恍然大悟，被这位“卖关子”的导游逗得大笑了起来，高兴之余还赞叹大镜子的安置之妙。

巧设悬念，也就是“卖关子”“吊胃口”的意思。说话者用一本正经的语气来制造玄虚的悬念，使听者产生紧张的期待心理，并极力思考、琢磨、判断。最后，说话者突然说出对方意想不到的结果，而结果又在真与虚之间。这时，对方的思维在这虚实、张弛之间被带乱了，对对方的观点无力辩驳。

一天，有个香烟商人在一个集市上大谈抽烟的好处。突然，一个老人从人群中走出，径直走到台前大声说道："女士们，先生们，对于抽烟的好处，除了这位先生讲的以外，还有三大好处！"

商人一听老人说的话，马上向老人道谢："谢谢您了，先生，看您相貌不凡，肯定是位学识渊博的老人，请您把抽烟的三大好处讲给大家听听吧。"

老人笑了笑，说："第一，狗害怕抽烟的人，一见就逃。"台下一片轰动，商人暗暗高兴。"第二，小偷不敢去抽烟者家偷东西。"台下连连称奇，商人更加高兴。"第三，抽烟者永远年轻。"台下听众惊作一团，商人更加喜不自禁，都要求老人解释一下这是为什么。

老人把手一摆，说："请安静，我现在就给大家解释。"

商人格外兴奋地说："老先生，请您快讲。"

"第一，抽烟人驼背的多，狗一见到他以为是在弯腰捡石头打它呢，能不一见他就逃吗？"台下许多人笑出了声，商人吓了一跳。"第二，抽烟的人夜里爱咳嗽，小偷以为他没睡着，所以不敢上他家去偷东西。"台下一阵大笑，商人大汗直冒。"第三，抽烟人很少有长命的，所以没有机会衰老，能不永远年轻嘛！"台下哄堂大笑。

此时，大家去找那名烟草商人，发现他早就不见了踪影。

上面这则故事一波三折，层层推进，把听众的思绪一步一步推向迷惑不解的境地，在把听众的胃口吊得足够"馋"时，才一语道破天机。按照常规思维，抽烟是应该遭到反对的，当老人走到那名大谈抽烟好处的商人旁边时，一般人认为老人要提出反对意见，谁知老人却也是大谈抽烟的好处。商人和听众一样大惑不解，因而急切地想知道原因。最后，老人以幽默的话语作了妙趣横生的解释，既让听众开心，又让听众从商人的欺骗性的思维里走出来，意识到抽烟的危害性。

要注意的是，在说服别人时，设置悬念也是需要技巧的。首先，一定要做好充分的铺垫，不要急于求成。你所说的话要让听者对结果产生错误的预料，然后在听者的急切要求下再将"谜底"揭露出来，给听者一个思考的时间，这样听者就能更加深刻地领略话中的奥妙了。其次，在设置悬念时，要自然得体、顺理成章，有一定的逻辑关系，不要故弄玄虚，不着边际。

法则 14

看对象回话，见什么人“唱什么歌”

根据谈话对象调整沟通方式

话说某人擅长奉承，一日请客，客人到齐后，他挨个问人家是怎么来的。第一位说是坐出租车来的，他大拇指一竖：“潇洒，潇洒！”第二位是个领导，说是亲自开车来的。他惊叹道：“时髦，时髦！”第三位显得不好意思，说是骑自行车来的。他拍着人家的肩头连声称赞：“廉洁，廉洁！”第四位没权也没势，自行车也丢了，说是走着来的。他也面露羡慕：“健康，健康！”第五位见他捧技高超，想难一难他，说是爬着来的。他击掌叫好：“稳当，稳当！”

看完之后，你也许会捧腹大笑，甚至会骂这人是个马屁精。但细细思忖之下，定能悟出“见什么人说什么话”的奥妙之所在。没有人会喜欢一个老生常谈，自说自话的人。“人以群分，物以类聚”，了解人与人之间的年龄、性别、性格、职业、地位、兴趣爱好、文化水平等多方面的差异，调整自己的沟通方式去适应对方，这样别人才会乐于与你沟通。

具体来说该怎么做呢？可以依照下面几点：

1. 看对方的性格和性别特征

对方性格外向，你就可以随便一些，开开玩笑，斗斗嘴，他会很自然地接受；如果对方性格内向、敏感，你就可以讲一讲得体的笑话，让他变得开朗一些，最重要的是表现真诚，可以挖掘对方比较在意、隐藏在内心深处的话题，让对方觉得你是真正关心他的。

有的女孩性格外向，个性鲜明，男孩子气十足，你若跟她谈化妆、美容，她也许会毫无兴趣，如果谈运动、谈明星，她可能会兴致勃勃。针对不同性格的人，你应该学会说不同的话。

同样说人胖，男性会一笑置之，而女性则可能会拉下脸来，自尊心受到伤害，这就是性别带来的差异。所以，同样的话对男人说和女人说的效果是不一样的。说话时，我们就要注意这种差异，对不同性别的人说不同的话。

有位名牌大学中文系毕业的高才生，在人才招聘会上想应聘某公司的办公室秘书一职，青年人在经理面前作自我推销时说话拐弯抹角，半天不切入主题。她先说："经理，听说你们公司的办公环境相当不错。"经理点了点头。接着，高才生又说："现在高学历的人才是越来越多了。"经理又点了点头，什么也没说。而后，高才生又说："经理，秘书一般要大学毕业，要比较有文采吧？"高才生的话兜了一个大大的圈子，还是未能道出自己的本意。岂料，这位经理是个急性子，他喜欢别人与自己一样，说话办事干脆利落。正因为高才生不了解经理的性格，结果话未说完，经理便托词离去，高才生的求职愿望也化成了泡影。

2. 看对方的身份特征

俗话说，"秀才遇见兵，有理说不清"，如果你对普通的工人农民摆出知识分子的架子，满口之乎者也，肯定让对方满头雾水，更别说被接受、认可了。要是遇见文化修养较高的人，也不能开口就一副江湖气，这样容易引起反感，更无法获得交往的信任和好感。

全国人口普查时，一个青年普查员向一位80多岁的农村老大娘询问"有配偶吗？"老人愣了半天，然后反问"什么配偶？"普查员解释："就是你丈夫。"老太太这才明白。

这位普查员说话不看对象，难怪会闹笑话。所以，要想收到理想的表达效果，就应当看对象的身份说话，对什么人说什么话。如果不区分对象的身份说话，人们听起来就会觉得别扭，甚至产生反感，那势必会影响沟通效果。

3. 看对方的兴趣爱好

比如和有小孩的女性说话，可以说说孩子教育和家庭生活；和公司职员说话，可以说说经济环境等问题……说得不深入也没关系，只要你开口了，他们便会不由自主地告诉你一些关于他自己和工作上的事情。

有个青年想拜一位老中医为师，为了博得老中医的欢心，他在登门求教之前做了认真细致的调查了解：他了解到老中医平时爱好书法，遂浏览了一些书法方面的书籍。起初，老中医对他态度冷淡，但当青年人发现老中医案几上放着书写好的字幅时，便拿起字幅边欣赏边说：“老先生这副墨宝写得雄劲挺拔，真是好书法啊！”对老中医的书法予以赞赏，让老中医有了愉悦感和自豪感。接着，青年人又说：“老先生，您这写的是唐代颜真卿所创的颜体吧？”这样，就进一步激发了老中医的谈话兴趣。果然，老中医的态度转化了，话也多了起来。接着，青年人对所谈话题着意挖掘、环环相扣，致使老中医精神大振，谈锋甚健。终于，老中医欣然收下了这个“懂书法”的弟子。

4. 看对方的年龄特征

老年人喜欢别人说他年轻；中年人喜欢别人说他事业有成，家庭美满；而年轻人就喜欢别人说他有闯劲、有活力，不同年龄层次的人喜欢不同的话题。

假如你要打听对方的年龄，对小孩可以直接问：“今年多大了？”对老年人则要问：“您今年高寿？”我们不提倡问女士的年龄，但是如果非要问，也可以讲究方法，只要把握好分寸，不会让别人觉得唐突、不礼貌。对年龄相近的女性可以试探说：“你好像没我大？”对年龄稍大的女性则可以问：“您也就 30 出头吧？”这样一来，便可皆大欢喜。

5. 看对方的心理需求

不同的人会有不同的心理需求。如果你懂得一点心理学，就很容易把话说到别人的心窝里。

19 世纪的维也纳，上层妇女喜欢戴一种高檐帽。她们进戏院看戏也总是戴着帽子，挡住了后排人的视线。戏院要求她们把帽子摘下来，她们仍然置之不理。剧院经理灵机一动，说："女士们请注意，本剧院要求观众一般都要脱帽看戏，但是年老一些的女士可以不必脱帽。"

此话一出，全场的女性都自觉地把帽子脱了下来——有哪个女人愿意承认自己老呢？剧院经理就是利用了女性爱美爱年轻的心理特点和情感需求，顺利地说服了她们脱帽。

战国时期著名的纵横家鬼谷子，曾经总结道：与智者言，依于博；与博者言，依于辨；与辨者言，依于要；与贵者言，依于势；与富者言，依于高；与贫者言，依于利；与贱者言，依于谦；与勇者言，依于敢；与愚者言，依于锐。

如果你能把握上述原则，说话时自然不容易出错。"见什么人说什么话"的道理可以帮你分清界限，理清场合，让我们的人际沟通能力更上一层楼。

和不同的人沟通，你要懂得因人而异，灵活变通，这样别人才能接受你的话。

说话要得当，别张口就来

生活中，我们在和别人交谈时，要清楚听话人的特征，要注意听话人的性别、性格、文化程度、文化背景、心理状态等因素。如果不了解这些，而是自顾自地乱说一气，就会给自己带来不必要的麻烦，甚至还会惹上杀身之祸。

古代有一个国王，有一天晚上他做了一个梦，梦到自己满嘴的牙都掉了。第二天，他找了两个人来给自己解梦。这两人来了之后，国王就说：“我昨天晚上梦见自己满口的牙都掉了，这到底是怎么一回事呢？”第一个解梦的人说：“至高无上的主啊，这个梦的意思是，在您所有的亲属中，您将是最长寿的一个。”皇上一听，非常高兴，重重赏赐了这个人。第二个解梦人进来，皇帝又问了他一样的话。第二个解梦人说：“皇上，这个梦的意思是，在您所有的亲属都死去之后，你才会死，一个都不剩。”皇上一听，龙颜大怒，让人把这个人拉出去重责五十棍。

同样的事情，同样的内容，为什么一个挨打，一个得赏？其实，这都是因为口才的原因。好口才是命运的助推器，可以化解人生危机，摆脱困境。

在人际交往中，要想做一个受欢迎的人，在说话的时候就要注意：说话要讲究艺术，说话要得体，也就是要把话说得适人、适时、适地、适情。话是对人讲的，所以说话要注意“因人而言”，要看对象说话。这也就是俗话所说的，到什么山唱什么歌，见什么人说什么话。因为这样谈话会更具有针对性，容易引起共鸣。有一个名词叫“职场语言学”，就是教人在工作时如何说话，针对不同的人要说不同的话。运用“职场语言学”中所学的语言艺术，可以让你在公司里说话受到同事的欢迎，至少不会因为说话不当而被炒鱿鱼。

在很多地方和场合说话都要注意自己的语言艺术，这确实是十分重要的。掌握人际交往中的语言艺术并不是一件坏事，它并不只会使人的嘴巴变得好像是油嘴滑舌似的，它可以让你学会如何与别人交往。之所以说话要看对象，是因为说话总是双向的，不论是在公共场合发表演讲，还是在和朋友，或者刚刚认识的人随意交谈，除了说话人之外，还有听话人。所以，说话人就要看对象说话，从对象的不同特点出发，说不同的话，而不能随心所欲，想说什么就说什么，这样营造一种和谐、融洽的气氛，达到交谈的目的。

在交谈中，注意对象的身份也是十分重要的，忽视这一点，往往会引起别人的反感，甚至可能造成不必要的矛盾。

要做到说话看对象，了解对象是必要的。对家人，以及亲朋好友，说话的方式要因人而异，交谈对象不同，方式就不一样。李密的《陈情表》写得催人泪下，当然不少人觉得李密这人不厚道，如果真的是这么有孝心的人，干吗用那么多的语言说自己多么凄惨，祖母多么悲凉？我想这篇文章之所以要这么写，是因为看这篇表的人是司马炎的缘故。司马炎是篡位之君，本就名不正言不顺，再者，蜀的很多将士并不是真心归顺，他几次要求李密做官而被拒绝，所以心生疑惑。再加上司马炎疑心十分重，如果李密这次上表不够煽情是会死的，所以文章写得过于深情就可以理解了。换言之，如果李密是给诸葛亮或者刘备上表，这样写的话就不行了。可见说话不看人，必然词不达意，说了也白说。

如果对对方非常熟悉，说话时自然会注意到不同特点，这自然不用再多言。然而对于初次相识的人，就不那么容易了。我们很容易看出来对方的性别、年龄，但是身份、职业、文化修养等，则必须通过语言交谈才能了解。因此，与陌生人见面，首先要做的不是急于说什么，而是要先听对方说什么。如果对方彬彬有礼，你也应该文雅、和气、谦逊；如果对方说话很坦诚，你也应该实在，想到什么就说出来，不要拐弯抹角。总之要在了解对象的基础上，说出合适的、有礼貌的话。

现在有人说话口无遮拦，甚至不经过大脑思考脱口而出，说话不看对象、不分场合经常会给自己招来祸患，或者是埋下祸根。口无遮拦乱说一通会给自给自己带来只能是“痛苦”，而不会是“快乐”。

说话不看对象，说了也是白说

我国古代有一个“对牛弹琴”的故事，说的就是说话不看对象，说了也是白说。即使你琴艺再高超，牛听不懂，又有什么用呢？

人上一百，形形色色。我们说话一定要了解听话者的身份、年龄、职业、爱好、文化修养等诸多方面的情况，只有这样，我们的说话才有意义，才能达到预期的目的。

说话的时候不注意对方的身份，有时候还会招惹不必要的麻烦，让自己和别人陷入尴尬的境地。电视剧《二子开店》中有这样一个场面：全店进行微笑服务训练，只有老魁笑不出来。小豆说道：“经理说了，不管出了什么事都得笑，就是他亲爹死了，也得笑。”老魁一听，急了：“什么？那我就更笑不出来了！他亲爹死了，我再笑，那不成了诈尸了！”老魁是经理的父亲，听了小豆的话，怎能不急？怎能不发火？小豆说话不看对象，造成了这样一种难堪的局面。

说话时不仅要看对方的身份，也要看对方的年龄，这也是说话时不可忽视的因素。比如在问别人岁数的时候，如果是十二三岁的中学生发问，对不同年龄段的人就要使用不同的问法：

问小孩：“你几岁了？”

问同龄人：“你多大了？”

问比自己大的中年人：“您多大年纪了？”

问七八十岁老人：“您高寿？”

对不同的人使用不同的问语，才能达到问话的目的。因此，生活中我们在说话的时候要看对象，对不同的人使用不同的语气。比如对孩子或者同龄人说话，语气要坦诚、亲切；对老年人或者自己的师长，语气要尊重，让他们感觉到你是有教养、懂礼貌的晚辈。

孔子曾经说：“可与言而不与之言，失人。不可与言而与之言，失言。知者不失人，亦不失言。”“失人”失去了可以说话的对象；“失言”可以理解为这次说话本身就不对，也包括选错了说话对象。要做到两“不失”，就要在适当的地点、适当的时候、适当的语境，对适当的人说适当的话。

上司面前搭话要注意措辞

现实生活中，我们常常会看到这样的情况：在同一个公司上班的人，付出的勤奋努力相差无几，有些人很受领导的赏识，很快脱颖而出，有些人却备受冷落。因为前者明白，勤恳努力很重要，让领导关注到自己的所有努力更重要。在职场中，做事能力差不多的两个人，语言表达能力不好的那一位，升迁机会往往要比那个既会办事又会说话的人少得多。而在说话能力里，回话能力是重中之重。

王雨年轻干练、活泼开朗，入行还没几年，职位就“噌噌”地往上升，很快就成了公司里的主力干将。几天前，新老板走马上任，刚刚上班，就把王雨叫了过去：“王雨，你经验丰富，能力又强，这里有个新项目，你就多费心盯一盯吧！”

受到新老板的器重，王雨内心窃喜不已。恰好这天要去无锡某周边城市谈判，王雨一合计，一行好几个人，坐公交车不方便，人也受累，会影响谈判效果；打车吧，一辆车坐不下，两辆车费用又太高；还是包一辆车好，经济又实惠。

主意定了，王雨却没有直接去办理。几年的职场生涯让她懂得，遇事向老板汇报一声是绝对必要的。

于是，王雨找到老板：“老板，我觉得……”她把几种方案的利弊分析了一番，接着说，“所以呢，我决定包一辆车去！”

汇报完毕，王雨发现老板的脸不知道什么时候黑了下来。他生硬地说：“是吗？可是我认为这个方案不太好，你们还是买票坐长途车去吧！”王雨愣住了，她万万没想到，一个如此合情合理的建议竟然被打了“回票”。她实在想不通，完全没道理呀，傻瓜都能看出来第三个方案是最佳的。

王雨凡事多向老板汇报的意识是很可贵的，错就错在措辞不当。王雨说的是：“我决定包一辆车！”在老板面前，说“我决定如何如何”是最犯忌讳的。

如果王雨能这样说：老板，现在我们有三个选择，各有利弊。我个人认为包车比较可行，但我做不了主，您经验丰富，帮我做个决定行吗？老板听到这样的话，绝对会做个顺水人情，答应你的请求，这样岂不两全其美？

当然在工作中，谁都有可能在领导面前说错话，虽然偶尔说错话也不至于失去工作，但后果却是很糟糕的。如何跟自己的领导说话，是人际关系中一门重要的学问，如果你能很好地把握与领导说话的火候，拿捏好说话的分寸，你的事业就会一帆风顺。领导毕竟不像一般同事，更何况与一般同事说话也应该注意分寸，不能太无所顾忌。

那么，如果在领导面前一不小心说错了话，该如何采取补救措施呢？在领导面前说错了话，一旦反应过来，就要立即打住，并马上道歉。千万不要因为害怕而回避，应该面对事实，尊重对方，必要时还可以再进行说明。说明一定要清楚明了，针对事情本身，而不必要的辩解只会将事情越描越黑。

在和领导说话的时候，一定要注意措辞。像“无所谓”“怎么样都行”这样的话会给领导留下感情冷漠，不懂礼貌的印象，要少说。“你怎么还不清楚？”这句话就是对关系很要好的朋友来说，也会造成很大的伤害。如果对领导说这样的话，那后果当然就会更加严重了。“辛苦了！”这句话本来应该是上级对下级表示慰问或犒劳时说的，如果你对领导这样说，似乎不太合适。“太晚了！”这句话的意思是嫌领导动作太慢，以至于快要误事了。在领导听来，肯定有“干吗不早点”的责备意味。“这事不好办！”领导分配工作任务下来，而你却说“不好办”，一方面说明自己在推卸责任，另一方面也会让领导没有面子。“您真让我感动！”其实，“感动”一词是领导对下级说的。比如，“你们工作认真负责，不怕吃苦，我很感动。”而下级对上级用“感动”一词，就不太恰当了。尊重领导，你应该说“佩服”。比如，“经理，我们都很佩服您的果断！”另外，过度客气有时反而会招致误解。总之，和领导说话应该小心谨慎、把握分寸、顾全大体。

要把握和同事说话的分寸

在工作中，我们若想寻求同事的帮助，要善于找到合适的理由，使对方在心理上愿意接受，而不是苦苦哀求。

身在职场，我们必须面对复杂的人际关系网络，同事之间既互相依赖又互相竞争。在既矛盾又统一的合作背景下，与同事之间进行交谈，就必须开诚布公、相互尊重，同时要注意说话技巧，要选择合适的方式，使大家和睦相处，和谐共事。

同事之间交流最多的是工作。为了工作，有争议也很正常，不过要注意，别把“争议”演变成“争吵”。聪明的人知道发脾气是最愚蠢的作为，因为这不但不能解决问题，反而会使自己成为办公室里的“刺猬”。面对争议，绵里藏针、以柔克刚是聪明人的做法，这样既不会伤和气，又能达到共同的目的。

失去理智的吵闹，甚至用言语攻击对方的做法是缺乏修养的表现。与同事讨论工作的原则是：针对事情而不针对人；要用无可辩驳的事实从容镇定地说服对方。

同事相处难免会产生误会，巧妙地化解这些摩擦也是一项重要的本领。和同事产生误会后，你首先要做的不是为自己辩解，而是真诚地向对方表明心迹，找到问题的症结，及时解决。

在摩擦的端口上，每个人都会有抵触情绪，这时解释往往越描越黑，起到反作用，在必要的时候可以请别人帮忙调和。

同事间的误会，很多是一时的口无遮拦引起的。与同事相处，首先要注意自身的言行，避免因为口误造成不愉快。如果不小心说话伤了人，一定要及时纠正，避免对方难堪，以至于产生隔阂。

当然，办公室也会有些尖酸刻薄之人。我们遇到这种人，不要以硬碰硬，而要巧妙地运用智慧予以反击，不动声色地惩罚他们，这更能体现你的修养和气度。

有的人喜欢对同事评头论足，这是不成熟的表现，因为每个人都有自己的原则，对别人指手画脚会招来同事的厌烦。搬弄是非、胡说八道更不可取，这样的行为不仅不利于团结，而且会严重影响工作的顺利进行。我们要在办公事里营造和睦的气氛。

与同事相处，话太少不行，人家会认为你不合群、孤僻、不善交往；话多了也不行，容易让别人反感，而且也容易让别人误解。所以，说话一定要讲分寸，该说的，一定要说，说得到位。不该说的，一定不说，要恰到好处，适时打住。

不管同事怎样冒犯你，或者你们之间产生什么矛盾，总之“得饶人处且饶人”，多一句不如少一句，凡事能够忍让一点，日后你有什么差错，同事也不会做得太过分，推你走向绝境。

当你偶然发现某位跟你十分投契的同事，竟然在你背后四处散播谣言，数说你的不是和缺点，这时你才猛然觉醒，原来平日的喜眉笑目，完全是对方的表面文章。你会痛心地想，跟他一刀两断吧。然而，大家是同事关系，你若摆出绝交态度，一定吃亏。别人会以为你主动跟他反目成仇，问题必然出在你身上，这无形中给对方一个借口去伤害你，这样做就太不理智了。

更何况，你俩还有合作机会，上司也最不喜欢下属因私事交恶而影响工作。所以，你应该冷静地面对，千万别说出过火的话来，这样对谁都不利。

“谁人背后无人说，谁人背后不说人。”这话虽然说得有些绝对，却也说明了一个道理，那就是，大多数人都多多少少地在背后说过别人，只是所说的是好话还是坏话就无从考证了。不过有一点，经常在背后说别人坏话的人，肯定不会是受欢迎的人。

凡是有点头脑的人，都会自然而然地这么想：这次你在我面前说别人的坏话，下次你就有可能在别人面前说我的坏话。这样一来，你在别人的印象中就不可能好到哪里去。

在职场中，常常会遇到别人在你面前说另一个人的坏话，对此，你就得端正态度，用辩证的思维去考虑这种情况，把握好应对的分寸。

与陌生人交谈要大方自信

很多人在和陌生人交谈时，就感觉如临大敌一般，羞怯、紧张、局促、手足无措，甚至连挤两句应酬话也生涩，平日的伶牙俐齿、妙语连珠也不知躲到哪里去了。可是，在这个缤纷的社会，不愿、不会、不能与陌生人打交道，如何生存？何况，和陌生人交谈正是克服胆怯心理、提高说话的最佳方法。

1. 和陌生人搭讪可以体现和加强一个人的自信。心理学实验表明，人类很多特性的分布都有一个规律：特别好和特别差的人各占 2% 左右，中间水平的占 95%，也就是说绝大多数的人水平都是差不多的，都是正常水平。和正常的陌生人进行一次交谈，能让我们吸收到新信息，也能感受到人与人之间的热情、信任，这些良性的结果必定增强一个人生活的信心。

2. 和陌生人搭讪，还能体现个人独立性，有助于人格发展。大家都明白，和熟人打交道，说话的方式依附于社会关系，服从说话人的身份，很多时候并非是个人独立意志的表达。和陌生人说话则不一样，互相之间常常作为独立的个体交往，彼此没有切身的利益关系，双方见到的都只是眼前的这个人，不会特殊关照也不会有什么成见，相对客观、平等，这种完全对等的关系，对一个人的人格成长是很有帮助的。

3. 和陌生人搭讪，更能锻炼说话和人际沟通艺术。熟人之间，彼此都很了解，不会很注意说话的方式和方法。而陌生人之间的交往从零开始，需要有意识地运用沟通技巧来建立关系，多次下来，人际沟通能力和说话能力就会得到提高。

如果我们因为害怕和陌生人交谈而躲着、藏着，那只会永远没有什么出息，惧怕、不敢当众说话的“病症”也只会越来越重。所以，我们应该“逼”着自己多与陌生人交谈，训练自己与陌生人说话的技巧，培养自己胆大、能言善辩等能力，以更好地在社会中立足。

李力的妈妈是这样训练孩子与陌生人打交道的能力的：

儿子刚刚学会说话的时候，她就尽力在任何能够和他人交流的时候，让他先开口说话。

首先，每天刚出门的时候，不管碰到什么人，李力的妈妈都让李力主动打招呼。比如碰到一个女性老年人，妈妈会示意孩子：“儿子，说奶奶好！”如果碰到的是男性老年人，就告诉孩子“儿子，说爷爷好！”其他不同年龄的人依此类推。慢慢地，李力每当遇到这种场合就会马上微笑着和人家打招呼，每个被李力打招呼的人都热情地对他说：“小朋友好！”并且还表扬他很懂事，这样，李力就养成了跟别人有礼貌地打招呼的好习惯。

李力的妈妈为了更好地锻炼孩子与陌生人打交道的能力，就经常带着李力到朋友家做客。在朋友的家里，李力的妈妈教孩子该如何懂事礼貌地做客人，教儿子和朋友家里不同的人交流和谈话。

在妈妈有意识地培养和训练下，李力上幼儿园时，说话的技巧就很强。有一次，老师为了了解孩子与陌生人交流的能力，特地请了小区里的一个年轻叔叔来幼儿园里搞测试。轮到李力的时候，那个陌生叔叔说：“小朋友你真可爱，来吃块巧克力。你妈妈今天加班，她让我替她来接你。”

李力听了，微笑地回答道“谢谢叔叔，可是我不认识您，不能随便吃您的东西，我们还是去问问老师吧。”

躲在旁边听他们对话的老师频频点头。之后，幼儿园的老师表扬了李力，还夸李力的妈妈教育的好。

李力上小学以后，立刻成为班级中最会和同学和老师交流的人物，同学们有什么问题总会跟他说，让他帮忙解决。

可见，硬着头皮与陌生人交谈、打交道的能力非常重要。一个人只有学会了与陌生人打交道，才能在以后的生活中更好地与人交往。

当然，与陌生人搭讪要注意技巧。这样，才会让你事半功倍。

1. 寻找能让对方产生共鸣的话题，“粘”住对方。俗话说，“物以类聚，人以群分。”每个人的社交圈，其实都是以自己为圆点，以共同点（年龄、爱好、经历、知识层次等）为半径构成的无数同心圆，共同点越多，圆与圆之间重叠的面积越大，共同语言也就越多，也最容易引起对方的共鸣。共同之处包括彼此共同的专业、工作、家乡、熟人、兴趣、爱好等。因此，在与对方搭讪时，一定要留意共同点，并不断把共同点扩大，对方谈起来才会兴致勃勃，谈话才会深入持久。

2. 多谈对方关心的事情。人们最关心的是自己，这是人类最普遍的心理现象。因此，你必须谈对方所关心的，这样，对方会认为你很关心他。

3. 态度要谦逊、低调。有的人各方面条件确实不错，但为什么常常在与别人搭讪时遭到冷语，自讨没趣？关键就是这些人摆出一副高高在上的姿态。谈起事情来眉飞色舞、夸夸其谈，这是令人讨厌的。一般而言，那些经历坎坷、屡遭不幸，最终通过自己的努力而获得成功的人，最能赢得别人的好感。因此，政治家或明星为了赢得支持，往往再三渲染自己童年遭受的不幸和为了取得成功付出的巨大努力，这是一种明智的交际技巧。所以，在与陌生的人交谈时，不妨多谈昔日的坎坷、拼搏的历程，这样往往容易唤起对方的好感和钦佩。

与人交流，要投其所好

生活中，朋友之间常常会相互表达失落和痛苦，倾诉心事。朋友在给你诉说心事的时候，是想你给他一些建议或者安慰。这个时候你说的话就要注意了，不要在不知不觉中把自己的得意在朋友面前表露出来，否则，就会伤害对方的自尊。也许你的本意只是想借自己的事情鼓励朋友，但是对方不一定会理解你的意思，在他看来，就会觉得你是在嘲笑他，从而对你产生误会，影响你们的感情。因此，讲话的时候要慎重，即使是朋友之间也不例外。

古语有云：“知己知彼，百战不殆。”找工作面试的时候，就好比一场试探性的战斗，战斗的双方就是面试单位的主考官和参加面试的你自己。在写作履历表时，要时刻记住你是在一个商业环境中推销自己，尽量使用适合这种环境的语言，尤其是在对你的曾经的业绩和成就进行说明的时候。

时代在改变，某些求职用词也在改变。像“我对这个工作很有信心”“请给我一个学习的机会”等等，这些听起来美丽的辞藻或许会把你难得的机会“赶跑”。

对于没有经验的人来说，除了学历之外一无所有，再加上那些错误的用语，这机缘一失，可能很多时间都不一定能弥补得回来。现在外资企业渐多，传统公司要求的谦虚、保守等品质，已经无法适合新时代的需求了。

要想每投必中，说话要投其所好是填写履历时必需的原则。公司想知道的是你能为公司带来什么利益、贡献或成效，并不想花钱请你来学习。

因此在说话的时候，要抓住别人的特点，投其所好，这样才能很好地利用别人的力量。

著名的“钓鱼效应”就是指一个人把自己的内心需要转化为相应的行为。钓鱼的时候如果不用鱼饵，鱼是不会上钩的，人也是一样。著名的口才大师卡耐基说：“即使你喜欢吃香蕉、三明治，但是你不能用这些去钓鱼，因为鱼不喜欢它们，你想钓到鱼就必须下鱼饵才行。”要和对方和平相处，并得到对方的认同，甚至化解自己的危机，就要彻底的了解对方的所“好”，知己知彼，真正做到迎合对方，投其所好。

在人际交往中，说话投其所好、避人所忌是一种高超的表达技巧。俗话说：“人逢知己千杯少，话不投机半句多。”要想获得良好的人际关系，在说话的时候就要说对方感兴趣的话题，用动听的语言打动对方的心。在交往中，当人们的观点一致时，就会产生一种相互肯定、信任的感觉，反之，就会彼此否定，产生防备心理。生活中，那些在人际交往中左右逢源的人，就是在和别人沟通之前先观察揣摩对方的喜好，然后尽量地迎合别人，满足别人的欲望。在交谈中，对于自己不感兴趣的话题，一般人都不会有太大的热情，而如果碰到自己感兴趣的话题，就会兴致高昂，积极参与。因此，在和别人谈话的时候，我们要抓住对方的这种心理，深刻地了解对方，并与对方和谐相处，从而实现进一步的交流。

美国前几届总统西奥多·罗斯福就是一个很能掌握其中奥妙的人，与他打过交道的人对此都印象深刻。哥马利尔·布雷弗曾经在一篇文章中这样写道：“无论对方是一名牛仔还是一位骑兵，是纽约政客还是外交官，罗斯福都知道对他说什么话。”他之所以可以做到这样得心应手，就是因为他会在对方到来的前一天晚上仔细翻阅有关对方特别感兴趣的话题的资料，这样在交谈的时候，就很容易找准话题，与对方产生共鸣。

卡耐基也曾经说过，如果想要和他人顺利沟通，并成功地获得他人的好感和认同，最好的方法就是和对方谈论他感兴趣的话题。事实就是这样，在谈话中，如果双方所交谈的话题是交谈者自己感兴趣的话题，他就会投入十二分的热情，但是如果他对所说的话题没有丝毫兴趣，即使场面再大，对方热情再高涨，也会觉得无趣的。此外，在交流过程中，我们也要学会通过对方的手势、姿势、表情以及当时的反应，去分析对方的感情变化，体会对方的话语意义，要知道对方说话时的感受要比他的话语本身更重要。

法则 15

看时机回话，不说多余的话

事情考虑清楚了再开口

歌德曾说：“决定一个人的一生以及整个命运的，只是一瞬间。”的确，有时一瞬间的冲动就会毁了自己的一生。孔子说：“三思而后行。”做一件事，如果不是经过用心反复考虑才决定的，那往往是一种任意鲁莽的行为。与人交谈，如果没有认真思考，让不合适的话溜出嘴，就会给自己带来不必要的麻烦，所以，我们一定要用心管好自己的嘴巴，切忌口无遮拦，必须要慎重地考虑之后再开口。

如果非说不可，那么你就要小心谨慎，三思而后言，还应注意说话的态度、时机、内容、措辞、声调和姿势，学会在什么场合应该说什么话，应该怎么说。“不鸣则已，一鸣惊人”。我们虽然未必能达到这个境界，但朝着这个目标去努力是不会错的。

1. 说话前应考虑周全

聪明人说任何话都要为自己留点余地，如果草率做出承诺而没有实现就会招来嘲笑。一件事情要三分在明，留七分在暗，不管事情发展如何，你都会有足够的空间去驾驭。

与人交谈，要掌握好分寸，不能口无遮拦，人常说：话到嘴边留半句。那么我们应该注意哪些方面呢？

（1）留住自以为是的见解。释普济说：“逢人只说三分话，不可全抛一片心。”人们常说“祸从口出”就是指说话太多也会招致麻烦，所以口无遮拦的人最易招人厌烦。人们都是根据有限的信息进行思考并形成想法的，加上感情倾向与情绪的作用，难免会产生偏见。正如索罗斯所说："我们对世界的所有认知都有缺陷，因为我们无法透过没有折射作用的棱镜看待这个世界。"所以，一旦对某些问题产生了想法，不要急于表达，耐心地听完别人的谈论，再对自己的意见进行分析，确认无误，再说出口。这样不至于因为判断失误遭到别人的嘲笑。

（2）避免对别人不恰当的批评和指责。如果你误会了对方，批评和指责无疑是火上浇油。如果对方确实有过错，也不要横加指责，要注意方式方法，点到为止，过分的批评指责可能使结果适得其反。

（3）不随便发泄心中的不满。牢骚太盛防肠断。生活中，遇到不如意的事难免生出抱怨，但抱怨是解决不了问题的。有些人直言不讳，逢人便抱怨，岂不知这样很容易招来别人的反感，给自己惹来麻烦。如果事先把话在大脑中"过滤"一番，就可以避免此类事情的发生了。

2. 有些话应该这样说

快人快语一般被看作是一个人果敢干练的表现，但是有时也不见得是好事。如果说话做事莽撞、欠思考，就是不成熟的表现。我们与人交谈之前应该经过深思熟虑，考虑周全了再说，避免给同事、朋友带来不愉快的情绪。有些话，我们巧妙来回答，远胜过不假思索地脱口而出。

（1）遇到别人的奚落或尴尬的情景，以幽默的回答来化解。

有一次，萧伯纳遇到一位牧师，这位牧师胖得像酒桶一样，他跟萧伯纳开玩笑说："外国人看你这样干瘦，一定会认为英国人都在饿肚皮。"萧伯纳谦和地说："外国人看到你，一定可以找到饥饿的根源。"

有时候，人际交往免不了要应对尴尬的境地，这时候如果口无遮拦，随口说"你的话真是很无聊"之类的话，必定会刺伤对方，而一句幽默的话语就能打破原有的压抑，缓解紧张的气氛，既挽回了自己的面子，又顾及了对方的面子，从而避免了冲突。

（2）转移话题，拒绝回答。

打个比方，如果一位胖姑娘穿了一件新的紧身连衣裙，自以为得体，高兴地问你："漂不漂亮？"

她当然是想得到你的赞美。但这件衣服的确不怎么适合她。你不能违心地赞美，又不能直说，怎么办呢？你可以巧妙地转移话题："今年夏天，姑娘们好像都很热衷于这种连衣裙啊！我最近看到一本杂志，上面有很多漂亮的款式，介绍给你啊……"

直接回答别人的问题会显得很不礼貌，这时不妨"顾左右而言他"，暗中转移话题。当然新的话题必须和原来的话题有一定的联系，还必须能引起提他人的兴趣。否则，也会引起对方的疑惑或反感。

（3）绵里藏针，批评也要温和。

唐太宗爱四处征战，为了扩大兵源，他想把不在征调之列的中年男子都招为士兵。宰相魏征得知此事后，忙向唐太宗进谏："把水抽干了，不仅得不到鱼，以后恐怕也不会有鱼了；把森林烧光了，不仅猎不到野兽，以后也无兽可猎了。如果中年男子都被招到军中，那生产怎么办？赋税从哪里征收？"唐太宗无言以对，只好作罢。

直言的批评肯定会使人不满，而且对待身份地位比较特殊的人时，更不能直接批评指责。怎么办呢？不妨试试"绵里藏针"的招数。这种方法和喂小孩吃药的道理一样，要用糖水送服。

三思而后言，说前想清楚，不仅能够避免不必要的麻烦，还能取得意想不到的效果，为自己赢得良好的人际关系，何乐不为呢？

“切入”话题一定要掌握时机

战国时期，楚王的宠臣安陵君能说善辩，很受楚王的器重。他并不是遇事便立即脱口而出，而是十分讲究说话的时机。

安陵君有一位朋友，叫江乙。一天，他突然问道：“安陵君，您没有一寸土地，也没有至亲骨肉，却身居高位、享受优厚的俸禄，国人见到您，也无不整衣跪拜，等着接受您的号令，为您效劳，这是为什么呢？”

安陵君答道：“这是大王太过抬举我了，不然我哪能这样！”

江乙闻言，不无忧虑地说：“用钱财相交的人，一旦钱财用尽，交情也就断了，如同靠美色相交的人，美色衰老则会情移。因此美丽女子还没等到卧席被磨破，就已遭人遗弃；得宠的臣子也等不到车子被坐坏，便被驱逐。如今您掌握楚国大权，却没有办法和大王深交，我暗自替您担心，觉得您的处境实在是太危险了。”

安陵君一听，恍然大悟，立刻恭敬地请教江乙：“既然如此，还望先生指点迷津。”

江乙说：“希望您一定要找个机会对大王说‘愿随大王一起死，以身为大王殉葬’。如果您这样说了，必能长久保住权位。”

安陵君听后，立刻说：“谨依先生之言。”

但是，过了很长一段时间，安陵君依然没有对楚王说这番话。

江乙急忙去见安陵君，说道：“我对您说的那些话，您为何至今不对楚王说呢？既然您不用我的计谋，我就再也不管了。”

安陵君急忙回答：“我怎敢忘却先生的教诲，只是一时没有合适的机会。”

又过了一段时间，机会终于来了。一天，楚王到云梦泽打猎，一箭便射死了一头狂奔的野牛，百官和护卫无不欢声雷动，齐声称赞。楚王也高兴地仰天大笑，说道：“痛快啊！今天游猎，寡人何等快活！待寡人万岁千秋之后，你们谁能和我共享今天的快乐呢？”

此刻，安陵君紧紧抓住这个机会，走上前去，泪流满面地说：“臣进宫后就与大王同共一席，挡蝼蚁，那便是臣最大的荣幸了。”

楚王闻言，大受感动，随即正式设坛封他为安陵君，日后对他也更加宠信。

这个历史故事说明了把握说话时机的重要性。在此过程中，人们需要充分的耐心，也需要进行准备，以等待时机成熟，但这并非意味着坐视不动。

卡耐基说：“要想把话说得恰到好处，最重要的一点就是把握住说话时机。说话的时机，常常就在瞬息之间，稍纵即逝，时不我待，失不再来。因此，对说话时机的把握，比掌握、运用其他说话技巧更难更重要。”

孔子在《论语·季氏篇》中说：“言未及之而言，谓之躁；言及之而不言，谓之隐；不见颜色而言，谓之瞽。”这段话的意思是：“不该说话的时候说，叫作急躁；应该说话的时候不说，叫作隐瞒；不看对方的脸色变化便信口开河，叫作闭着眼睛瞎说。”以上三种情况都是没有把握好说话的时机，或者是没有注意说话的策略和技巧。所以，说话要把握时机，该出口时才出口。要把握说话的最佳时机，并非易事。

说话要选择适合的场合，还要选择适合的时间。说话的内容不论如何精彩，如果时机掌握不好，也无法达到最佳的效果。听众的内心世界常常随着时间的变化而变化。即使对方愿意听你讲话，或接受你的观点，你也应当学会选择恰当的时机。如果你喜欢看棒球比赛，你就会发现，棒球运动员即使有高超的技艺、强健的体魄，可是没有把握住击球的决定性瞬间，棒就落空了。说话也是这样，抓住时机是最重要的。

什么时候才是这“决定性的瞬间”呢？主要看谈话时的具体情况，凭你的经验和感觉而定。

在交际场合，常常出现这种情况：有的人口若悬河，滔滔不绝，十分健谈；而有的人即使坐了半天，也无从插话，找不到话题。

这就是一个“切入”话题的时机问题。怎样才能及时地“切入”话题？应注意以下几方面：

1. 尽快找到双方共同关心的基本点

有这样一个故事：王先生新买了一台洗衣机，因质量问题连续几次拉到维修站修理都没有修好。后来，他找到李经理诉说苦衷。

李经理立即把正在看武侠小说的年轻修理工张冰叫来，询问有关情况，并批评了张冰，责令其速同客户回去重修。

一路上，张冰铁青着脸不说一句话，因为他正念念不忘武侠小说人物的命运。

王先生灵机一动，问道：“你看的《江湖女侠》是第几集？”张冰答道：“第二集，快看完了，可惜找不到第三集。”

王先生说：“包在我身上。我家还有不少武侠小说，等一会你尽管借去看。”

紧接着，双方围绕武侠小说你一言我一语，谈得津津有味，开始时的尴尬气氛消除了。后来，不但洗衣机修好了，两个人还成了要好的朋友。

2. 寻找发表自己意见最佳的时机

有了共同语言之后，什么时候“切入”话题就显得很重要了。

比如在讨论会上，什么时候是最佳发言的时机？如果你第一个发言，虽然能够给听众造成先入为主的印象，可是，一般情况是，因为时间尚早，气氛难免显得沉闷，听众尚未适应，不太好调动他们的情绪。可是如果到了后边再讲，好处是能够吸收别人的成果，进行有效的归纳整理，显得井井有条，或针对别人的漏洞，发表更为完善的意见，可是因为时间太晚，很多听众都会觉得疲倦，希望尽快结束发言而不愿再拖延时间，因此效果也不理想。

根据这些情况，经过研究证明，最好的发言时机是在第二个或第三个人发言之后及时切入话题，这样的效果最好。

在这个时候，说话的气氛已经活跃起来，如果你不失时机地提出自己的想法，最容易引起人们的关注。

研究证明，反映情况或说服他人的最佳时机是对方心情比较平和的时候。当对方劳累、不顺心或注意力集中在其他事情上时，他们是没有心情来听你说话的。

选择好时机，是一种尊重对方的表现，同时更是发挥说话效果的重点。只有对方对你所谈的事情感兴趣的时候，你的话才会产生应有的效果，达到预期的目的。

适时说话，别人才乐于听取

某农村有个老太太去世了，亲属们一起商量后事。老太太生前嘱咐要土葬，但是现在土葬已经不合时宜了，于是大家七嘴八舌，发表个人看法。老太太的孙子说："这样吧，老太太死都死了。现在尸体放在家里，人来人往的，总不是个事，我看烧掉最好，省钱省事！"这番话听得大家十分恼火，恨不得上去打他一巴掌。

这时候，另外一个孙子上来说："奶奶走了我很难过。现在遗体放在屋子里得赶紧料理才行。奶奶生前有土葬的愿望，可土葬现在已经不行了，我看还是赶紧火化好。作为晚辈，说话有不周的地方还请大家原谅。大主意还是伯伯婶婶拿！"这番话听得大家舒舒服服，伯伯婶婶也赶紧拿了个主意，把老太太火化了。

本来老人去世是一件悲痛的事，可是第一个孙子上来就什么"死了""埋掉""烧掉""尸体"这种难听的字眼，最后还来了个"省钱省事"，显得不合时宜，冷酷无情；而第二个孙子上来则情真意切，在情在理，很有分寸，自然让人听了舒服。

如果周围全都是自己熟悉的朋友，那么说话就可以推心置腹，天南海北，无所不谈，甚至说出一些过头的话来也无伤大雅；但是如果在场的都是交往不深的人，就要收敛一下，不可肆意妄为，做事情也要公事公办，不要不分对象乱套近乎。

同样，说的话要贴合场合。在轻松的场合言语就要轻松，在热烈的场合言语就要热烈，在清冷的场合言语就要清冷，在喜庆的场合言语就要喜庆，在悲哀的场合语言就要悲哀。"在什么山唱什么歌"，不看场合，随心所欲，信口开河，想到什么说什么，这是愚人的拙劣表现。

适时说话，人们才会乐于听取。在不同场合，根据具体情况来决定说还是不说，以及用什么方式说，“言而当，智也；默而当，亦智也”。正所谓“时然后言，人不厌其言”。礼仪规范对言语的最基本的要求就是：在任何时候，任何场合，言语都应该“矜庄以莅之，端诚以处之”。

说话要区分不同的场合，否则就收不到理想的效果。某法院开庭审理一起盗窃案，被告对作案时间交代不清。为了核实，审判长决定传被告之妻到庭作证。由于过分着急，审判长脱口而出：“把他老婆带上来！”法庭顿时哗然，严肃的气氛被冲淡了。当时，审判长应该运用法庭用语，宣布“传证人某某某到庭。”由于以日常用语取代了法庭用语，不适应场合，因而显得很不得体。

可见，只有依据不同的场合，选取最恰当的词语，才能准确地表达自己的思想感情。

那么，场合又分为哪几种呢？主要可分为以下四类：

1. 自己人场合和外人场合

我国文化传统一向是重视内外有别的。对于都是自己人的场合“关起门来说话”，可以无话不谈，甚至可以说些放肆的话，什么事都好办；而对于都是外人的场合，便可“逢人只说三分话，未可全抛一片心”。求人办事，一般是公事公办。因此，遵循内外有别的原则，说话才能得体。

2. 正式场合与非正式场合

正式场合说话应严肃认真，事先要有所准备，不能乱扯一气。非正式场合下，就可随便一些，像聊家常一样，便于感情交流，谈深谈透。有些人说话文绉绉，有人讲话俗不可耐，就是没有正确区分正式场合与非正式场合的界限。

3. 喜庆场合与悲痛场合

一般来说，说话应与场合中的气氛相协调。在别人办喜事时，千万不要说悲伤的话；在人家悲痛时，不要说逗乐的话，甚至哼哼民歌小调，别人就会觉得你这人太不懂事了。

说话有“术”，“能说会道”也是一种本领。古有“一语千金”之说，也有

“妙语退敌兵”之事。可见，会说、巧说是何等重要。我们应重视“说”的作用，讲究“说”的艺术。在求人办事时，注意语言的学习与积累，针对不同的场合，要选用最得体，最恰当的语言来表情达意，力争获得最佳的效果。

“言多必失”，不论什么时候，什么场合，说话时都要注意说话的分寸。特别是人多的场合，说到忘乎所以的时候很容易失言，一旦失言，你的话就可能中伤或伤害到某个人，这自然会为你招惹祸端。

在事业发展的过程中，一言一行都关系着个人的成就荣辱，所以言行不可不慎。那些成功的人，说话很会把握分寸，不管在什么场合都是落落大方，该说的话一定会说到位，不该说的时候，一句话也不说。

有的人口齿伶俐，在交际场合口若悬河，滔滔不绝，诚然，这是不少人所向往的“境界”。但如果没有那样的水准，仍喜欢张扬自己，在人多的地方口无遮拦，一旦说漏了嘴，再想要补救是很难的。所以在人多的场合尽量少讲话，并讲究“忌口”。否则，若因言行不慎而让别人下不了台，或把事情搞糟，那就得不偿失了，因为对别人造成的伤害是一时性的，但对自己造成的影响却是长久性的——你在别人心目中的形象会定型为“恶人”。或许这个“恶人”用得有点过分，但起码你留在别人心中的印象不会是好的。

总之，我们在与人沟通时要明白沟通的目的，看准沟通的场合，懂得随机应变，在什么山唱什么歌。

发现话题跑偏，要这样拉回来

有位名广播节目主持人，他的应答技巧是一流的，他的节目听者甚众。到底他利用什么技巧，能吸引广大的听众呢？

我们都知道，一般人接受访问总是比较紧张，不容易掌握谈话重点。节目中曾播出他访问某模范母亲的实况。这位女士东拉西扯，说了半天还谈不到主题。于是主持人就用巧妙的应答，终于使话题拉回主题。举例来说，“是啊，你先生已去世，单靠你一人抚养孩子，的确很不简单。”或“听说你女儿即将上大学，恭喜啊！”如这般引导人说话，使受访者能在一定时间内说完。从他的节目中，确能学习许多谈话技巧。

所谓应答，不仅是指简单的点头，或说“是”“嗯”，须确定内容重点，配合对方的反应。假如谈话主题明确，就须在不破坏说者兴致的情况下加以引导。利用这种方式，可使谈话流畅，也可帮助说者尽快下结论，这正是应答最重要的作用。

特别是冗长的谈话，更容易产生问题。例如说者也搞不清自己所谈，而且越想确定越慌乱，结果更表达不清楚。这时，听者不妨表示：“原来是这样的吗？”先确定谈话重点，再加以整理一番。

此外，有人需费一番口舌才能表明一件简单的事。这多半是因说者无法确定听者是否已了解所造成的，以至于解释了半天，这就是没有掌握说话重点。

有人完全不懂谈话技巧，不是短话长说，就是说些与主题无关的话题，甚至连陈年往事也牵扯上。这样的谈话枝叶太多，渐渐地就会脱离主题。因此听者须予以引导，使谈话上轨道。如此一来，即使造成对方一时语塞，只要说者能适时修正或抑制即可。这是听者的重要责任，也是听话技巧之一。但话说回来，不宜以强迫方式让说者张口结舌，使说者暂时停止说话，是为了拉回谈话主题。听者在注意说者是否离题或拖长之余，也需考虑整个谈话是否能圆满。

听者固然需要掌握谈话，避免说者跑偏，但话题略偏也不必计较，如果处处加以限制，反而使谈话内容乏味，并且也无法尽兴。